云南百位历史名人传记丛书

中共云南省委宣传部◎编

思想「怪杰」李贽

石鹏飞◎著

云南出版集团

云南人民出版社

图书在版编目（CIP）数据

思想"怪杰"——李贽 / 石鹏飞著. -- 昆明：云南人民出版社, 2014.10（2015.8重印）

（云南百位历史名人传记丛书）

ISBN 978-7-222-11580-4

Ⅰ. ①思… Ⅱ. ①石… Ⅲ. ①李贽（1527～1602）—传记 Ⅳ. ①B 248=91

中国版本图书馆CIP数据核字(2014)第002860号

出 品 人：李　维
**　　　　　刘大伟**
责任编辑：金学丽　朱　原
装帧设计：马　滨
责任校对：张艳琼　朱子百家
责任印制：杨　立

书名　**思想"怪杰"——李贽**
作者　石鹏飞　著
出版　云南出版集团　云南人民出版社
发行　云南人民出版社
社址　昆明市环城西路609号
邮编　650034
网址　http://ynpress.yunshow.com
E-mail　ynrms@sina.com
开本　889mm×1194mm　1/32
印张　5.25
字数　100千
版次　2014年10月第1版第1次印刷　2015年8月第2次印刷
印刷　昆明卓林包装印刷有限公司
书号　ISBN 978-7-222-11580-4
定价　24.00元

如有图书质量及相关问题请与我社联系
审校部电话0871-64164626　印制科电话0871-64191534

《云南百位历史名人传记丛书》

编委会名单

总 序

丛书编委会

历史长河浩浩荡荡！中华文明自滥觞至汇聚千流，涵纳万水，奔腾迭起，云蒸霞蔚，延五千年之长史，至今生机勃然，是迄今世界上唯一保持完整且衍传有序、光耀于人类的伟大文明。

习近平总书记指出：一个国家、一个民族的强盛，总是以文化兴盛为支撑的。中华民族是具有非凡创造力的民族，我们创造了伟大的中华文明，实现中华民族伟大复兴的中国梦，必须弘扬中国精神。以爱国主义为核心的民族精神，以改革创新为核心的时代精神，是兴国之魂，强国之魂。

云南，是祖国西南神奇、美丽、富饶的宝地，是中华文明中极具特质和创造潜力的丰美之乡。云南少数民族文化是中华民族文化的重要瑰宝。长期以来，云南大地上，各民族和睦与共，相濡相生，共同创造了色彩瑰丽、形态多元、底蕴厚重、影响深远的历史文化，为我们留下了珍贵的精神遗产。人，是历史的镜子，是历史最生动的环节，人民是历史的主人和创造主体。在人类历史的进程中，一个个不同时期的代表人物产生过一些不同的影响。“云南百位历史名人传记丛书”就是这样一丛历史的记录，一百位历史名人，虽未必尽能概全，各位历史人物的代表性也不尽相同，但都是“追梦人”，是振兴民族伟大理想的传薪人、探索者和实践家。

在这些代表人物中，无论是拓土开疆的将帅勇者，还是蹈海酬志的大国使节；无论是志于传播文明的鸿儒巨擘、先哲贤士，还是为民族独立解放而高歌猛进、慷慨捐躯的群雄英杰，都贯注了这一重要精神。正是以他们为代表的云南各族人民创造并抒写了可歌可泣的英雄史章，熔铸了坚韧不拔、奋为人先、包容博大、敢于担当的精神品质，才使云南在中华文明的长史中闪耀着特有的光辉。尤在近代中国，在辛亥护国风云中，在反对外辱保卫祖国边疆维护民族尊严、抗击日本法西斯侵略中，云南站在历史前台，以中华群雄的不屈身影演出了一幕幕豪迈悲壮的历史大戏，也更涌现了一批足以彪炳史册、光照后人的杰出人物。这一切，给予中国历史进程深远的影响。

今天，实现中华民族伟大复兴之梦，谱写富民强滇中国梦的云南篇章，需要以中华文化发展繁荣为重要条件，这就需要接续这一光荣而伟大的精神传统，在继承中创新，在创新中发展，在发展中超越。云南正处于一个新的历史起点上，需要大力挖掘历史文化资源，聚合更强大的精神动力，为推动我省科学发展、和谐发展、跨越发展凝心聚力。为此，我们组织省内外专家学者编写出版了“云南百位历史名人传记丛书”。这对加强我省各族人民，尤其是青年一代对历史的了解、认同，爱国爱乡爱民并甘于奉献，对提升优秀精神品质，形成团结奋斗的共同的思想基础，坚定推进富民强滇的信心和决心，显然有着重要的现实意义和切实的助力。

一百位历史人物，所处历史时期并不相同，其历史作用也有差异，甚至就个人的全面历史评断方面也难以等量趋同。但我们以为这些留存史迹的人物，所以传扬至今，为后世崇奉，均有他们共同的历史向度和价值取向，我们学习这些历史人物，至少应当着重于以下几个大的方面，即：“守大德、重大义、集大成、有大度、达大观”。

守大德，即恪守道德规范。“德者，本也。”（《礼记·大学》）“大德”既是国家民族的根本利益所在，也是中国文化中最核心的价值理念及标准。古语“行德则兴，背德则崩”，不仅是资政经验，也是个人修习完善的根基。所谓“厚德载物”，直观的理解，就是如果德行浅薄，是不能兴物成事，更不能造就伟大功业的。云南历史文化名人，大多以德立身，大节不移，并对此恪守坚定，一以贯之；始终保持正确信念和理想，并为之奋斗到底。这是我们首先要学习尊崇的。

重大义，即以国家民族利益的需要为个人行为取舍的标准。有大义，才有大爱。这些先贤无不爱云南爱乡土，以兴业乡梓、造福一方为己任。尤在国家民族命运攸关、生死存亡的关头，这些令人崇敬的先辈，大义擎天，逢难不避，敢于担当，责无旁贷，勇往直前，不惧牺牲。一个心存天下大公的人总会在不经意的一瞬决定大义的选择，这是社会进步的希望所在，更何况实现中华复兴的伟大梦想，还有很多异常艰危的事业在等待我们去克难攻坚。所以，举凡大义、为民为国、全身而进的精神是我们应当效法崇尚的。

集大成，“知类通达，强立而不反，谓之大成”。这些历史人物留下的足迹，予人深刻启迪。他们无论是出将入相，还是布衣一袭，均勤学不辍，求索不止，在追求真理和知识的道路上刻苦务实，义无反顾，永无终期，故能成大器，胜大任，不辱使命。今天，世界进入知识信息时代，软硬实力决定一个国家能否赢得发展机遇，乃至自立于强国之列的地位。其紧迫性不亚于先辈梦想中国富强的百年期许。但今天所谓“集大成”，是更高更大更具有生存挑战性和发展战略性的，是集世界之“大成”，集政治经济、科技文化、制度建设、社会发展等一切领域“总成”，玉成中国梦的空前伟大的事业。所以，先人刻苦自律、博学精进的学习精神我们应当秉持继承。

有大度，即要有开放包容的胸怀。云南历史文化名人的一个共通品质，也是一个显著特点就是，即使身处僻远，总能破除狭隘与陋见，以宏大度量，兼容并包，接纳先进，吸收优异，团结一切可以团结的力量，聚合一切可以聚合的资源，总成一股创造历史的宏大动力，来完成伟大的事业。哪怕是割股舍己，也在所不惜。今天，云南要实现跨越式发展，保持开放包容的胸怀尤其重要。所以，先辈“天下云南”的大度我们应当弘扬光大。

达大观，即要眼观天下，达察全局，与时俱进，审时知变，敢为人先。推动云南社会历史进步的代表人物，无不目光远大，胸怀全局，对世界潮流、时代嬗变，都能审视洞悉，并欣然顺应规律，故能在历史转折的关键时刻做出正确选择，成就改天换地的一番伟业。古语有“小智自私”、“达人大观”，是将为个人谋私的小智谋与担当天下兴亡的大智慧尖锐对比而言的。否则，“其兴也勃焉，其亡也忽焉”。一个为民为国而应用心智的人，必然有达观天下的心怀，也由此激发潜能、超迈寻常，而使人生境界也更加美好而宏丽。遍观世界文明史，许多影响人类进步的伟大创新，正是以此为动力和起点的。今天，中国经济社会的快速发展，国家的日益强大，正为实现中华民族伟大复兴的中国梦开拓了无限广阔的道路，也为个人实现自身价值创造着更加富实的前景。所以，先辈们达观天下的精神我们应当引为楷模。

我们对志向高远、仰观天下、俯察民情、甘为路石、慨当以慷、求真务实的历史名人，心存景仰，并愿与千千万万的读者，尤其是青年朋友一道学习弘扬。

组织编撰“云南百位历史名人传记丛书”是一项重要的文化工程，编撰出版人员都做出了艰苦的努力，但由于众手修书，书稿层次不一，成书体例难以做到完全一致，对存在的不足敬请读者批评指正，我们将虚心接受，并在修订再版时一并吸纳修改完善。

目录//MULU

◆ 李贽的生平

◆ 李贽的著述与思想

◆ 李贽的意义

目录//MULU

李贽的生平

想要把握李贽，前提是“知其人论其世”，本章叙述的就是李贽所处的时代背景及生平概略。

童年的李贽习儒，中过秀才、举人。为了养家糊口，做过一些小官。51岁，李贽“万里赴滇南”，出任云南姚安太守，有政声，任满辞职，弃官不仕，潜心学问。有《焚书》问世，昭示自己的心迹见解，名噪一时。晚年，李贽出游，有张问达上疏劾其“惑乱人心”，经万历皇帝批准，李贽下狱，不久，自刎死，时年76岁。

身世与背景

明世宗嘉靖六年（1527）十月三十日，李贽诞生，是为长子。李贽是温陵人，温陵系今福建泉州晋江县。李初名载贽，后改贽。父名白斋，塾师；母徐氏。祖父名竹斋。李贽6岁时其母徐氏殁，“幼而孤”。李贽自述“我自六七岁丧母，便能自立”（《续焚书·与耿克念》）。后来，其父白斋续娶董氏。

从地缘看，李贽的童年是在福建度过的，而泉州正是“海上丝路”的起点，开放活跃，商贸发达。李贽的祖上就曾航海经营，李家原姓林，其先祖林驽，“字景文，东湖长子，航吴泛越，为泉巨商。洪武丙辰九年，奉命发舶西洋，娶色目女，遂习其俗，终身不革”（《荣山李氏族谱·第二十世林驽》）。据学者考证，“林族自二世祖林驽娶色目女为妻信伊斯兰教起，至第七世（李贽父辈），各辈中皆有与伊斯兰教女通婚的，从《凤池林李宗谱》的记载来看，这种通婚和信教现象不仅普遍而且甚为强烈，‘终

万历皇帝

身不革，今子孙蕃衍，犹不去其教’。以至有‘林讳奇材先生，李讳贽先生、林讳炖先生’，‘父祖皆回（族）’的说法”（许建平《李贽思想演变史》）。如是，李贽身上有色目人的血缘。还有，李贽的童年应该生活在伊斯兰教的氛围之中。这对李贽的后来发展甚有影响：李贽有“洁癖”，“性爱扫地，数人缚帚不给。衿裾浣洗，极其鲜洁，拭面拂身，有同水淫”（袁中道《李温陵传》），不跟伊斯兰教习俗有渊源乎？李贽“不以孔子是非为是非”，不也跟伊斯兰教义有渊源乎？（伊斯兰教除顺从安拉外，禁止其他偶像崇拜。）不过，到李贽曾祖时，家庭已从商贾改易为耕读，李贽的曾祖死后无钱买茔地，祖父无功名，父亲只是个塾师而已——李家败落下来了。

从时段看，李贽所处，正当明后期的嘉靖、万历年间，内忧外患，明王朝陷入严重危机。嘉靖皇帝朱厚熜虽在位45年，但到嘉靖十三年（1534），就不理朝政，交给儿子们去管理。朱厚熜崇尚道教，追求长生，结果服丹中毒死。死前，海瑞上疏，直言：“陛下改元之号而意之曰，嘉靖者，言家家皆净而无财用也”（海瑞《直言天下第一事疏》），以“嘉靖”谐音“家净”，何其尖锐！嘉靖死后，穆宗朱载垕即位，是谓隆庆皇帝，可隆庆皇帝短命，几年就死了。接位的是只有10岁的神宗朱翊钧，改年号为万历。这位“（明朝）第十三位皇帝的行止更令人扼腕……他在位48年，在历史上颇得荒怠和浪费的声名。传统历史学家认为他最大的过失，乃是让他自己的私生活阻碍公众事务”（黄仁宇《中国大历史·晚明：一个停滞但注重内省的时代》。就在万历十七年，就有人说他患“酒色财气”四病。朱翊钧一死，离明朝的覆亡只有20余年了。

古人言：“天下有道，则庶人不议”。天下倘无道，要么强化控制，弄得“道路以日”，人人自危；要么控制不住，民怨蜩螗，议论纷纷。嘉靖皇帝在位时，因“大礼议”风波将134名朝臣囚禁，其中16人死于廷杖；嘉靖九年，更定孔庙祀典，谥孔子为“至圣先师”；嘉靖十一年，诏罢各地私创书院；嘉靖十二年，朱厚熜诏示天下：“唯朱熹之学醇正可师，祖宗设科取士，经书以朱子传注为主。”但到了嘉靖三十年，“北京讲学之风大盛，大会聚至千人”；嘉靖四十五年，即朱厚熜驾崩那年，耿定向在南京创“崇正书院”，聘焦竑主持；隆庆三年，周思久建“辅仁书院”，聚士讲学。到万历七年，朱翊钧又下令诏毁天下书院64所，学者何心隐被湖广巡抚王之垣以“妖逆”罪名杀于武昌；可隔了十年，焦竑中进士第一，大力推广“另类”的李贽学说……（李军《李贽年谱》）晚明的这段期间，控制与反控制，形成了拉锯战，这为李贽的求学研道、著书立说提供了空间。

李贽名“贽”，什么意思呢？“贽”是送礼，《左传·庄公二十四年》谓：“男贽，大者玉帛、小者禽鸟……女贽，不过榛、栗、枣、脩……”李贽原名“载贽”，后改“贽”，去“载”字，一是避隆庆皇帝朱载垕之讳，一是嫌其繁琐，单名“贽”更简洁些。看来，李贽之父取此名是想让儿子斯文儒雅，想不到事与愿违，后来的李贽竟成了一个斗士，天下事情就是这等离奇。

李贽之盛名天下，更在于他的号。李贽有号曰“宏甫”（胸襟思宽）、曰“思斋”（怀念父亲）等，但最出名的是“卓吾”。他“嘉靖三十一年分荐（乡试及第，中举人，李贽时年26岁），授共城教谕，以文章擢国子（监）历礼部司务。从豫章李材，兰溪徐用检讲学都门，谈论数日耳，而二公（李材、徐用检）咸服其闻道卓而见道卓，因自号‘卓吾’。谓颜子（颜回）尝苦孔（子）之卓，道之卓尔，具在吾人，何苦之与有？”（沈鈇《李卓吾传》）

童年——父亲是启蒙老师

“卓吾”的号是李贽自取的，卓吾者，以“吾”为“卓”也——老子天下第一，李贽的自信于此可见。

李贽 7 岁那年，开始读书，老师就是他爸爸白斋公。他随父读了 9 年，府学读了 4 年，共 13 年。12 岁时，照现在的算法是五年级了，父亲白斋公以《老农老圃论》为题考试。文章写成，同学称赞，说：“白斋公生了个好儿子”，可李贽听了大为不满。他说：“吾时已知樊迟之问，在荷篑丈人间，然上大人丘乙己不忍也，故曰：‘小人哉，樊须（迟）也’……吾时虽幼，早已知如此臆说，未是为吾大人有子贺。且彼贺意太鄙贱，不合于理。彼谓吾利口能言，至长大，或能作文词，博夺人间富与贵，以救贱贫耳，不知吾大人不为也”。（《卓吾论略》）

这牵涉到对《论语·子路》中的一段解释：孔子弟子樊迟（须）问如何种庄稼，孔子答：“我不懂，我不如老农。”樊迟又问如何栽蔬菜，孔子答：“我不懂，我不如老圃。”樊迟退出，孔子说：“樊迟真是个小人呢！为君者只要好礼好义好信用，民众自然敬仰、服从、归顺，要自己去种庄稼栽菜蔬么？”李贽认为，对樊迟之问，孔子误读了，樊迟要学稼学圃，是想隐居，孔子答非所问，还骂樊迟是胸无大志的小人。孔子是臆说，以后为孔子作传注的更是臆说。李贽小小年纪，就为孔子纠缪改错，老师不责怪，同学齐夸奖，于讲一味顺从的传统教育法而言，所庆贺者何？再说，李贽称孔子为“上大人丘乙已”，纯属调侃，对孔子实乃大不敬，于当时“尊孔”的氛围而言，又所庆贺者何？当然，反过来说，尚在髫龄之年的李贽就敢批评孔圣人，推翻朱子的传注，质疑旧说，这种品格，或许成了李贽终生的根本。李贽后来忆及童年学习生涯时说："余自幼倔犟难化，不信学，不信道，不信仙释，故见道人则恶，见僧则恶，见道学先生尤恶。"（李贽《阳明先生年谱后语》）

李贽对同学的称赞还有个不满处是："贺意太鄙贱"，他们说我能说会文，将来定能取功名富贵，帮弱扶贫，"不知吾大人不为也"。"吾大人"，就是李贽的父亲白斋公。在《卓吾论略》中，李贽说及父亲白斋公的风貌人品："身长七尺，目不苟视。虽至贫（困窘到了极点），辄时时脱吾董母太宜人（李贽继母）簪珥（首饰），以急朋友之婚。吾董母亦不禁也。"李贽之父白斋公是个急公好义的热心肠。自己穷得叮当响，也会济渡他人的困难——自己富贵再去救贫贱，好！可自己不富贵还能救贫贱，更加了不起！

既是父亲又是老师的白斋公对李贽的影响是巨大的。袁中道称李贽："公为人中燠外冷。丰骨棱棱"（袁中道《李温陵传》），"丰骨棱棱"，让人觉得外冷，但其内心，端的是盆火，"每研墨伸楮，则解衣大叫，作兔起鹘落之状"（同上）。李贽一生，最高的官职是做到云南姚安太守，而后弃官弃家弃乡，钻研学问，谈不上荣华富贵，儿女差不多都死光了，"虽至贫"，但其思想的光芒，熠熠生辉，实足以救人思想上的"贱贫"耳。这不是有点乃父之风吗？

李贽很尊重父亲兼老师的白斋公。白斋公去世，李贽“憾不起白斋公于九原，故其思白斋公也益甚，又自号‘思斋居士’”（《卓吾论略》）。

徘徊郎署间

李贽发蒙，读的是儒家经典，他自述“余自幼治《易》，复改治《礼》……至年十四，又改《尚书》，竟以《尚书》窃禄”（李贽《易因小序》）。李贽 16 岁入府学读书，17 岁考中秀才，次年参加福建乡试，未中。又回府学读书。20 岁，为赡养家庭（父亲及继母，加上李贽及弟妹 8 个，共 10 口），“弟自弱冠糊口四方，靡（无）日不逐时事奔走”（李贽《续焚书·与焦弱侯（竑）》）。“糊口四方”就是教书，长达 6 年。21 岁，李贽娶黄氏女，生男添女，负担愈重。李贽说“竟以《尚书》窃禄”，大概指其在 26 岁时乡试及第，中了举人吧！因为家累钱少，李贽不想再去拼进士了,要求循例能在政府中谋个一官半职，遂“徘徊郎署间”（袁中道《李温陵传》）。他先在河南共城（辉县）任教谕 3 年，在南京和北京的国子监任教官各数月，在北京礼部任司务 5 年，又调任南京刑部主事和员外郎近 5 年。转眼，李贽已经 50 岁了。

尽管做了官，李贽的生活还是艰难的。去共城任儒学教谕，“吾初意乞一官，得江南便地，不意走共城万里”（《卓吾论略》）。从福建泉州到河南共城，离家愈远。后来总算调任南京国子监。可父亲白斋公去世，李贽得噩耗，停职丁忧奔父丧，“守制东归”。偏又“倭夷窃肆，海上所在兵燹。居士（李贽）间关，夜行昼伏”，路上走了6个月才到泉州。“又不暇（无闲）行孝子事，墨衰（穿丧服）率其弟和侄，昼夜登陴击柝，为守城备，城下矢石交加。”——李贽参加了抗倭保卫战。因为打仗，粮价飞涨，“米斗斛千元无籴处，居士家口零三十，几无以自给”——一家人吃饭都成了问题（《卓吾论略》）。

三年服丧期满，时在嘉靖四十一年（1562年），李贽36岁，他携妇将雏逃离泉州到北京补官，以避倭乱、饥荒和瘟疫。等待了10个月，不见缺额，囊空如洗，还断炊十几天，无奈，只得当塾师授徒赚学费。又等了一段时候，才补缺为国子监博士，“如旧官”（李贽曾在南京国子监干过）。未几，次子夭亡，而祖父的讣告又至，真是祸不单行呢。朋友孔若谷去吊唁，见状，叹道：“人生苦呀！谁说当官乐，像你这样当官，不苦么！”（《卓吾论略》）于是，李贽又归老家温陵，修造父、祖父、曾祖之墓（他的曾祖因穷未入土）。为了节省盘缠，把家眷留在共城耕作自食。李贽夫妻分手之际，黄氏说：“夫君这样做（独归）也对。只是我妈老了，她老人家为了我而孀居。我活着，她朝夕思念我，哭多了以致眼瞎。假如不见我回家，必死。”（《卓吾论略》）语未终，泪如雨下……经过说服，李贽只身南归。但在共城的妻儿不数月，就遭饥饿，二女三女命丧黄泉。黄氏一身支撑一家，实在艰难，有老婆婆相告：“闹饥荒，官家要拨粮济贫，听说主事者是邓石阳推官，他跟你夫君有旧谊，你去求求他吧！”黄氏说：“邓推官倘然讲交情，何必求！”这邓推官果然拨俸施救，对此，李贽很感激：“宜人（指黄氏）以半籴粟，半买花纺为市，三年衣食无缺，邓君之力也。”（《卓吾论略》）

与妻子相对如梦寐

李贽在温陵三年，“吾时过家毕葬，幸了三世业缘（把父、祖、曾祖的墓修好），无宦意矣。回首天涯，不胜万里妻孥之想，乃复抵共城，入门见室家，欢甚。问二女，又知归未数月，俱不育（活）矣……是夕也，吾与室人，秉烛相对，真如梦寐矣”（《卓吾论略》）。生生死死、离别重逢，好像一场梦，“无宦意矣”，不想在官场上再转来转去了，这会不会是为李贽日后的行动种下了夙因呢？

李贽这番补的是礼部司务，在北京。李贽去共城接妻孥入京，或谓：“司务之穷，穷于国子（监）。”李贽却答道：“所谓穷，非世穷也。穷莫穷于不闻道，乐莫乐于安汝止。吾十余年奔走南北，只为家事。全忘却温陵百泉安乐之想矣。吾闻京师人士所都，盖将访而学焉。”（《卓吾论略》）看来，李贽在了却家事后，“穷莫穷于不闻道”，就想专心致志地去认知和把握人生之道了。“京师人士所都，盖将访而学焉”——毕竟是京师么，藏龙卧虎，济济多士，我将去拜访他们，向他们学习。或曰：“子性太窄（狭隘），常自见过（过失），亦时时见他人过”——此亦袁中道所说，（李贽）“性甚卞急，好面折人过，士非参其神契者不与言”之意（袁中道《李温陵传》）——“苟闻道，当自宏阔。”居士（李贽）曰：“然。予实窄。”遂以“宏父”自名，故又称“宏父居士”（《卓吾论略》）。李贽时年40岁。

王阳明

“宏父居士”李贽，这一年开始接触王阳明（守仁）、王龙溪（畿）之说，还研究起佛经，折节向学，不再去做“黑漆漆之人”（李贽《焚书》）。

在北京礼部呆了几年，李贽又调任南京刑部任主事，后成刑部员外郎。

从共城到国子监（先南京后北京）到礼部（北京）到刑部（南京），李贽的生活是清寒的，他恪守的是儒家的教导，对父祖讲“孝”，对弟妹讲“悌”，考虑的是“吾父老”以及“弟妹婚嫁各及时”（《卓吾论略》）。自己成了家，添丁四男三女。要养家，就放弃进士考试早早地去“窃禄”，思维定式是先家庭而后自己，毕竟是“形势比人强”呗。原先对孔子的嘲弄的胆识已不见了，有学者称，这标志着其时李贽接受外来规范的“接受性性格”在渐渐形成，变得像“矮子看戏，前面说好，我也叫好”，少了个性。等到父祖归葬，“弟妹七人婚嫁各毕，各幸不缺衣食，各生儿孙”（《卓吾论略》），责任尽到，自家“连生四男三女，惟留一女在耳”，其他的孩子都死了，“而年逼耳顺，体素羸弱”（《卓吾论略》），时不我待，李贽“求道”的心情愈切。共城和北京南京的辗转奔走，交游多，见识广，学问境界顿时拓开。

如在共城，那是宋代大学问家李长之的“宦游地”，邵雍居洛，为了求道，不远千里到共城向李长之请教，就筑了个“安乐窝”，40 岁悟道后始回家娶妻。李贽参观后大为感动。这时，李贽正丧长子，悲痛不已，经邵雍的事迹一激励，他说：“余年二十九而丧长子，甚戚。夫不戚戚谋于道，而惟情是念，视康节（邵雍）不益愧乎？”（《卓吾论略》）

在礼部，经朋友李逢阳、徐用检介绍，“告我龙溪王先生语，示我阳明王先生书，乃知得道之人不死，实与真佛真仙同，（余）虽倔强，不得不信之”（李贽《阳明年谱后语》）。“（徐用检）在都门，从赵大洲讲学，礼部司务李贽不敢赴会。先生（徐用检）以手书《金刚经》示之曰：‘此不死学问也，若亦不讲乎？贽始折节向学’（《明儒学案·徐用检传》）。”该文还刻画了李贽追随徐用检的一个细节：“尝晨起候门（等在门口），先生（徐用检）出，（贽）辄摄衣上马去，不接一语，如是者再。贽信向益坚，语人曰：‘徐公钳锤如是。’”

隆庆三年，李贽 43 岁，认识了焦竑（弱侯）。

隆庆四年，李贽 44 岁，在南京，结友焦竑、李真如、祝世禄等，并参与王畿（龙溪）、罗汝芳（近溪）以及王艮（心斋）之子王东崖的讲学活动。

隆庆六年，李贽 46 岁，结识耿定理（字子庸，别号楚倥），成为至交。对与耿定理的订交，李贽后来回忆说：岁壬申，楚倥游白下（南京），余时懵然无知，而好谈说。先生（楚倥）默默无言，但问余说：“学贵自信，故曰：‘吾斯之未能信’；又怕自是，故又曰：‘自以为是，不可与入尧舜之道。’试看，自信与自是，有何分别？”余时骤应曰：“自以为是，不可与入尧舜之道；不自以为是，亦不可与入尧舜之道。”楚倥遂大笑而别，益深喜余之终可入道也。余自是以后，思念楚倥不已。又以未得见天台（耿定理之兄耿定向）为恨（李贽《耿楚倥传》）。李贽

从李材、徐用检讲学都门，谈论数日，二公咸服其闻道卓而见道卓

后来与定理成至交，与耿定向则由友而敌，此是后话。

万历元年，李贽47岁，认识王畿（龙溪）、罗汝芳（近溪）。

万历二年，李贽48岁，师从泰州学派王艮之子王东崖论学。潘士藻，祝世禄拜访李贽。与焦竑刻印《太上感应篇》并作序。

万历三年，李贽49岁，作《读史》30篇，乃《藏书》一著之“序曲”。

次年，李贽结识汤显祖。

为了不做“黑漆漆之人”，李贽童年期间的“自创性性格”在复活，个性也在苏醒，“折节向学”，经历了从“嘿无一言”到“谈锋始发”的跨越，从“懵然”到“豁然”的转变。

万里赴滇南

万历四年，50 岁的李贽终于当上了云南姚安府的太守。次年赴任。

李贽一直视耿定理为至交。耿定理去世早，他有诗哭之：“白门（南京）追随后，万里赴滇南。”到云南赴任途中，他先去湖北黄安看了耿定理，并结识其兄耿定向，李贽记下了这件事：

“丁丑（万历五年）入滇，道经团风（镇名，在黄安城北），遂舍舟登岸，直抵黄安，见楚倥（耿定理），并睹天台（耿定向），便有弃官留住之意。楚倥见余萧然，劝余复入。余乃留吾女、并吾婿庄纯夫于黄安，而因与约曰：‘待我三年满，收拾得正四品禄俸归来为居食计，即与先生同登斯岸矣。’楚倥牢记吾言，教戒纯夫学道甚紧。吾女吾婿，天台先生亦一以己女己婿视之矣！嗟嗟，予敢一日而忘天台之恩乎？”（李贽《耿楚倥传》）

这段文字传递了几个信息：李贽原有“弃官留住”的意思，被耿定理劝住了；李贽说等拿到正四品的禄俸后就退隐黄安，与耿定理切磋学问“同登斯岸”；所以，李贽把女儿女婿留在了耿家等待；无论耿定理、耿定向对李贽的女儿女婿都视同己出，十分关照。

离开耿家，行行重行行，途经贵阳龙里驿，李贽又去见了罗近溪（汝芳）。

李贽到云南来了，且看他是如何出任姚安府的父母官的。

李贽在姚安留有楹联两副：

其一：

从故乡而来，两地疮痍同满目；

当兵事之后，万家疾苦总关心。

其二：

听政有余闲，不妨甓运陶斋，花栽潘县；

做官无长物，只此一庭明月，两袖清风。

第一联，李贽说，姚安和故乡温陵一样，疮痍满目，故乡遭遇倭乱，姚安呢？数年前，即万历元年，姚安彝族首领罗思叛乱，巡抚邹应龙、总兵官沐昌勘乱，叛始平（《明史·沐英传》），兵事之后，总要关心万家疾苦，使之休养生息，抚平创伤——这是李贽治民的总方针。

第二联，李贽说，处理政务闲下来的时候，我就学陶侃、潘岳，运运甓、栽栽花，活动活动筋骨。我做官，不贪不捞，别无长物，相伴的只有一庭明月，两袖清风——这是李贽做官的大格调。

所谓“赋诗言志”吧，知行合一，李贽大体上也是这样做的。

虽然李贽曾向耿定理吐露过“弃官留住”的想法，欲与超然于功名之外的耿定理“同登斯岸”，但已赴任姚安，就既来之，则安之，借用他的一位朋友黄克晦赠诗所说的是，“学道日已深，政化今在兹”（《闻李比部宏甫（父）出守姚安寄诗以别》）。

李贽到姚安第一件事就是“讲学”。

在“徘徊郎署间”的后期，李贽就“谈锋始发”，“贽出守郡，讲学如为郎时”（陈汝奇《甘露完短书·李卓吾》），他把这风气带到了姚安任上。李贽的顶头上司云南布政使右参议并巡洱海道的骆问礼写道：“及来守，每政暇，集师生僚属及诸执事，无问贤愚，与之论学。”（骆问礼《万一楼集·新学忠臣序》）当时，执政的张居正就厌恶聚会讲学，担心闹事，李贽的讲学颇有“哪壶不开提哪壶”的味道，其讲学的内容不外王阳明新学。偏偏骆问礼是“程朱理学”的信徒，这就与李贽“薰莸之不同器”（骆问礼《万一楼集·复许敬庵》）。骆专门编了一本《新学忠臣》的教材来宣扬程朱理学。由于骆的干扰加上李贽突然生病，坚持了数月的讲学活动便停止了。

李贽到姚安第二件事就是“学佛”。

千山万水，长途跋涉，从南京到滇南的姚安，年逾五十，身素羸弱的李贽难免水土不服，因此得了一场病，他后来回忆：“五十以后，大衰欲死，因得朋友劝诲，翻阅贝经幸于生死之原窥见斑点。”（李贽《续焚书·圣教小引》）据许建平先生考证，“五十以后，大衰欲死”，

在姚安习佛

就遭遇在姚安任上。

引李贽进佛学的是徐用检："先生以手书《金刚经》示之曰：'此不死学问也，若亦不讲乎？'贽始折节向学。"（《明儒学案·徐用检传》）那时李贽40岁。在姚安的一场病，差点把老命都弄丢了，李贽就更用心学佛。万历六年（李贽52岁），姚安土司高奣映《鸡足山志》载："（李贽）先生遂得留鸡足数月……寓大觉寺，与小月禅人论净土法门，遂作《念佛答问》，又与同官论《二十分识》、《六度解》、《四海说》等，皆于二观楼所成者……宪副章尔佩题其楼曰：李卓吾先生谈禅楼。"鸡足山是滇西的佛教名山，因状似鸡足而得名。

鸡足山归来，李贽习佛禅更沉溺，他甚至在佛寺中处理政务，“每至伽蓝（寺庙），判了公事，坐堂上，或置名僧其间，簿书有隙，即与参论虚玄，人皆怪之，公亦不顾”（袁中道《李温陵传》）。这在官场中，真让人大跌眼镜，可李贽却我行我素，“走自己的路，让别人去说吧”。

李贽第二次入鸡足山是万历八年（1580），他想辞官，三月份开始，先是闭门不理事，又走鸡足山阅读《藏经》，遂于七月初离任。前后两次在鸡足山，大概不少于五六个月。

李贽之痴迷佛禅，究其因为二：其一，将佛理融入其施政实践中，与道家的“无为”、儒家的“仁政”糅合混渗一起，为官一任，造福一方；其二，悟透性命之学，践行与耿定理的承诺，“于生死之原窥见斑点”，求道而与之“同登斯岸”。

李贽到姚安的第三件事就是“治民”。

后人吴虞先生在《明李卓吾别传》中谈到李贽的“治”：“为政举大体，一切尚简易，任自然，务以德化，不贾（求）世俗能声。自治清苦，僚属士民胥隶夷酋，莫不向化……是时上官严苛吏民多不安，卓吾说：‘边方杂夷，法尽难轨。仕于此者，携家万里而来，动以过失狼狈去，尤不可不念之。但有一长，即为贤者，岂宜责备耶？’”换言之，李贽的“治”是宽松、宽厚。他的“粉丝”，同时代的祝世禄更对李贽十分崇拜：“此老在滇中，以禅理为吏治，神则神君，慈则慈母，诸凡举措，脱尽今世局面”（祝世禄《环碧斋尺牍·与游麻城》），誉李贽为“神君”、为“慈母”，这除了对其他民族“不易其俗”和对来自远方的下属官吏“不拂其能”之外，他也发“菩提心”，做了不少善事，如建火神寺、土主庙，使百姓“益增善念”；造涟水桥，“利行旅，通往来”等等。另外，他还广收门人弟子，有名士陶埏就游于门下，以后还追随李贽到湖北，自称“龙湖高足弟子”。陶埏最终成了名震滇中的思想家和书法家。

李贽在姚安三年，“大治”（《姚安县志》）。云南巡抚刘维很赏识他，当李贽辞官请准时，刘维说：“姚

李贽辞官，士民攀辕卧道，车不能发

安守，贤者也。贤者去，吾不忍。”（顾冲庵（养谦）《赠李先生致仕去滇序》）只是后来李贽强辞，“入鸡足山阅《藏经》不出”，这位刘巡抚才“奇其人，疏令致仕（退休）归”（刘侗《帝京景物略·李卓吾墓》）。即使与李贽有过节的骆问礼也写信给同僚道：“卓吾兄洁守宏才，正宜晋用，而归志甚急。不孝（骆问礼自称）力挽……士类中有此（人），真是为顽儒者立一表率。”（骆问礼《万一楼集·复杨复斋》）李贽是得人心的，他离任时，“士民攀辕卧道，车不能发”（《姚安县志》），姚安的百姓想留住这位好太守。

在云南，李贽还结识了一位气味相投的朋友——苍洱才子李元阳。

李元阳，字中溪。他 29 岁中举。4 年后取为进士，先后任知县、户部主事、御史、知府等职。中年任知府后即告退休。李元阳对“王学”也颇欣赏，退休后即以释门弟子而兼儒家学者姿态出现。这一切跟李贽很相似，遂成了朋友。李贽万历六年第一次入鸡足山返回任所，曾去大理感通寺拜访李元阳，两人“今夜应无寐，清谈演大乘”（李元阳《感通寺送卓吾李太守回任》），通宵讨论佛理。万历八年，李贽为辞官第二次入鸡足山阅读《藏经》前再访李元阳，李元阳写过一首诗赠李贽，题名《卓吾李太守自姚安命驾见访，因赠》，诗曰：

姚安太守李贤豪，倚剑青冥道独高。
僧话不妨参吏牍，俸钱常喜赎民劳。
八月空影摇山岳，半夜歌声入海涛。
我欲从君闻真谛，梅花霜月正萧骚。

这诗，不啻是对李贽的一个写真，也表达李元阳对李贽的一腔敬重。写诗之后，李元阳就在该年去世了。

姚安太守官居四品，李贽政声颇著，士民拥戴，上司（巡抚刘维）赏识，任满回京，定可再升，为什么李贽此时要挂冠致仕，弃官不做呢？解这个谜，说法很多，不一一枚举了，李贽自己讲的最靠谱："余五十以前真一犬也，因前犬吠形，亦随而吠之，若问以吠声之故，正好自己哑然失笑也。五十以后，大衰欲死，因得朋友劝诲，翻阅贝经，幸于生死之原窥见斑点"（《续焚书·圣教小引》），"是以决计归老名山，绝此俗念，眼不亲见，耳不闻人语，坐听鸟鸣，手持禅杖，以冷眼观众僧之睡梦，以闲身入炼魔之道场，如是而已"（李贽《续焚书·寄焦弱侯（竑）》）。——50岁是李贽思想史上的一个界碑，以前种种是"业累"，以后种种是"祛业累"，追求"生死大学问"去了（佛学在这里起了大作用）。李贽这一转身，表明他的思想的一个大跌宕，大跌宕正是"万里赴滇南"之机完成的。

李贽为人也在变：由"严厉"而"宽厚"，由"性窄"而"宏阔"，厌"人为"而尚"自然"，厌繁琐而尚简易，过去“常自见过，亦时时见他人过”，现在主张“只可责己，不可责人”……儒是李贽的“发蒙”，中年之后他又接触王阳明的心学，出入佛老，“其为人汪洋停蓄，深博无涯矣，人莫得其端倪”（顾冲庵语），变得大度能容。那么，李贽童年的自信、倔强的性格是否被佛老销蚀了呢？非也。心学、佛老，从当时奉行的理学的角度看，就是一种异端。因为学问通达了，李贽童年时独秉的逆向思维益见光彩。

又向黄州学隐沦

辞职被批准了，李贽一身轻松；“业累”被消除了，李贽一心轻松，他带着妻子黄氏要践前约，去湖北黄安去

又向黄州学隐沦

找“胜己之友”耿氏兄弟去了。耿氏兄弟，他先结识的是耿定理。李贽在南京初见耿定理，就十分心仪，“白门追随”（李贽诗）。“万里赴滇南”之前他还专程去了黄安耿家，本想“弃官留住”与耿定理一起修道“同登斯岸”，但被耿定理劝住了，到底赴任去。可李贽夫妻自己不留，却把唯一的女儿和夫婿留住在耿家，以示最终要定居黄安的决心。在李贽的心目中，耿定理绝对是个“胜己之友”：他不像日后要做当今圣人的朝中大员哥哥耿定向，也不像当下想拿朝廷俸禄又想祛业累一心求道、脚踩两只船的李贽，耿定理是一个既不参加科考，也不留意仕进的一个真正的读书人，境界之高，超凡脱俗。至于耿定理之兄耿定向，李贽“爱屋及乌”吧，再说，其时的耿定向对李贽蛮不错，“吾女吾婿，天台（耿定向）先生亦以己女己婿视之矣。嗟嗟，予敢一日而忘天台之恩乎？”（李贽《耿楚倥传》）。而耿定向在十余年前（嘉靖四十五年）在南京创立“崇正书院”，聘焦竑（弱侯）主持，焦竑后来与李贽也过往甚密。

李贽此行，取道西蜀，穿三峡，览瞿塘、滟滪之胜景，到黄安。是年，李贽55岁，时在万历九年。

耿定理让李贽寄居于黄安的“天窝书院”。刚刚安顿下来，就接到焦竑赠诗：“夜郎三载见班春，又向黄州学隐沦”，夜郎，云南也；班春，颁布春令。焦竑还遗憾地向李贽打招呼：“苦欲移家难自遂，何时同作灌园人？”（焦竑《李宏甫解官上筑黄州寄赠》）——我也想与你一起在黄州同学隐沦，可惜不能遂愿呢！

这里说一说焦竑。李贽在南京的前三年醉心王学，更多的是“听”和“思”，以后始“化”才“谈锋刚健”，好言说。促成其转变的一是耿定理，一是焦竑。耿定理不求功名利禄，高风亮节不说了，在学理上耿定理的“未发之中”说，不受书本之累，而靠独自体悟的方法与“当机指点”、“机锋迅利”的才华，对李贽影响极大，可说是“当头棒喝”。焦竑呢，他的性定论与倔强的个性，也与李贽同声相应，同气相求，遂成莫逆。

焦竑小李贽 13 岁，字弱侯，号澹园、漪园，南京人。还在诸生时就负才名，是耿定向在南京创办的“崇正书院”的主持，“余言绪论，流传人间，亡（无）不视为冠冕舟航矣”（许光启《尊师澹园焦先生续集序》）。他嘉靖四十三年中举。焦竑一见李贽，倾盖如故，焦竑有诗云：“相知今古难，千秋一嘉遇，而我狂简姿，得蒙英达顾”（焦竑《澹园集·送李比部诗》）。而李贽亦言：“宏甫之学虽无所授，而得之弱侯者亦甚有力。”（李贽《续焚书·寿焦太史尊翁后渠公八十秩华诞序》）

李贽在黄安天窝书院潜心著述。他说：“我老矣，得一二胜友，终日晤言以遣余日，即为至快，何必故乡也。”（袁中道《李温陵传》）反将他乡作故乡，是黄安有“胜友”耿定理，还有“胜友”焦竑住南京。但是，李贽不久却发现，耿定理“超然”得无治世之心，在学问上亦不想深究，“歇手太早”。焦竑则为了功名科考，无暇他顾，唯在李贽初到黄安第一年（万历九年）的年底赶过来，借看老师耿定向之便，与他饮十日而别。以后，李贽千邀万请，皆未如愿。

在天窝书院，李贽结识周思敬、周思久、杨定见等人，但作为“胜己之友”则谈不上。

万历十一年，王畿（龙溪）去世。李贽作告文以祭。万历十二年，黄安的耿氏兄弟，“天台即有内召，楚倥亦遂终，天也”（李贽《耿楚倥传》）。“天台内召”，指耿定向被起用作御史；“楚倥遂终”，指耿定理去世，年仅51岁。李贽最知己的“胜友”耿定理的去世，使李贽悲痛不已，他有《哭耿子庸四首》以抒其情：“行年五十一，今朝真死矣，君生良不虚，君死何曾死”（《其一》）；“我是君之友，君是我之师，我年长于君，视君是先知”（《其二》）；“君子有德音，听之使人惭，白门追随后，万里赴滇南”（《其三》）；“时来一鼓琴，与君共晨夕，已矣莫我知，虽生亦何益”（《其四》）。李贽对耿定理称得上一往情深。

“年逼耳顺”的李贽，居黄安数年，在《复邓石阳书》中透露过其心曲：因为家事已毕，“可以无谦，遂自安慰”，就是“学道”这一件人生大事，“未能明了，心下时时愤懑，故遂弃官入楚，事善知识，以求少得。盖皆陷溺之久，老而始觉，绝未曾自弃于人伦之外者”。

“学道”、“事善知识”需要“胜友”，然胜友耿定理死了，焦竑又难见面，李贽很孤独。

怎么排解这孤独呢？“其势自不得闭户独坐日与古人为伴侣矣”（李贽《续焚书·答骆副使》），临终前李贽回忆道：“唯有朝夕读书，手不敢释卷，笔不敢停挥，自五十六岁至今七十四岁，日日如是而已”（李贽《续焚书·与焦弱侯（竑）》）。56岁，正当万历十年，李贽居黄安，正式编撰《藏书》。

李贽自述其学：“绝未曾自弃于人伦之外者”，可见李贽之虽学佛习禅，到底没有变成一个不食人间烟火的方外之人。

“日与古人为伴侣”，一是评点历史人物，“起自春秋，讫于宋元，分为纪传，总类别目，用以自怡，名之曰《藏书》”（李贽《藏书世纪列传总目前论》）；“自古至今多少冤屈，谁与辩雪？”（李贽《与焦弱侯书》）李贽要把这颠倒的历史再颠倒过来；一是解老读庄，深入道家学说。李贽官滇，“滇之俗雅好浮屠”（这是云南巡抚刘维所记的李贽语，见刘维《新建涌泉亭记》），他自己“大衰欲死”，就跑到鸡足山上去翻阅贝经，学佛习禅。到了黄安，这种氛围没有了，但黄安的五云山道教气息甚浓，从而导致李贽转向研读老庄学说，“道法自然”。李贽的《老子解》、《庄子解》就完成于此时。有论者指出：“这对李贽的思想发展起了直接的推动作用，使其由性空说转向自然人性说，由概念本体的真空说转向实践本体的自然真空说”（许建平《李贽思想演变史》），很中肯。

别了，耿定向

黄安其实是江南理学的大本营，耿定向就是个标志性人物。耿定向的学生周友山在《为僧明玉书法语》中就指出过李贽到黄安学隐沦的不合时宜："长者（指李贽）本为出世故来此，然世人方履人间世，日夜整顿人世事尚无休时，而暇求出世之旨以事出世之人乎？"称李贽是"方外出世者"定位不甚正确，李贽其实是"俗而非俗"，李贽之"俗"，故其书风靡一时；李贽之"非俗"，最终导致身陷囹圄，自刎殉道。

打压李贽就是从黄安开始的，耿定向就是先锋。

李贽结识耿定向是通过其弟耿定理，前面说过，耿定理是李贽的"胜友"，开头，耿定向对李贽颇不错。不过，定向定理虽是兄弟，两人的价值取向迥异。定理悟性高，为人超然，"有德不耀"、"有才无官"（李贽《耿楚倥先生传》），他读书不为做官，他修道不为求名，淡泊之极。尤其是他的"未发之中"论，对李贽更是醍醐灌顶（所谓"未发之中"，指的是"父母未生前的童子之心"与"成年人的宁静自然之心"），终生受用。耿定向则不然，追求的是"人伦之至"，读书就是做官扬名，荣宗耀祖。黄宗羲《明儒学案・泰州学案二・耿楚倥先生定理》条记载了两兄弟间一次话语交锋：楚倥曾言，其学"直从太极入，不落阴阳五行"。天台闻之呵之曰："学不向事亲从兄实地理会乎？”楚倥曰：“学有原本，尧舜相传，只是一中。子思为之注曰：‘喜怒哀乐未发之谓中’，令人孰（谁）从未发前觑一目（眼）哉？”——这就是耿氏兄弟争执的焦点所在。

耿定理早死，耿定向与弟耿定理的矛盾就演变成与李贽的矛盾。耿定向总以为耿定理的科举不考、官职不做是李贽教的，两人关系就从阻隔到破裂。还有人说，耿李相争还有个原因，就是张居正杀何心隐，耿定向能救却不伸手，故李贽恨之。耿李破裂的公开化，是李贽作《与耿司寇告别》文（万历十四年）。

李贽由此别了耿定向，先迁妻女回福建，只留一个侄儿子在身边，自己也由黄安搬到了麻城，定居维摩庵再落脚龙湖芝佛院，削发。在麻城，李贽与梅国桢初次相晤。这年，李贽 62 岁，时在万历十六年（1588）。

第二年，有湖北黄梅人汪可受（静峰）慕名来拜访李贽，他写了李贽的“削发”：余以岁己丑，初见老子（李贽）于龙湖，时麻城二三友人俱在，老子实（秃）头带须而出，一举手便就席……余曰：“如先生者，发去须在，犹是剥落不尽。”老子曰：“吾岂有意剃落乎？去夏（去年夏天）头热，吾手搔白发，中蒸蒸出死人气，秽不可当，偶见侍者方剃落，使试除之，除而快焉，遂以为常。”复以手指须，曰：“此物不碍，故得存焉。”众皆大笑而别（汪可受《卓吾墓碑记》）（或说李贽留须，是依循伊斯兰风俗）。

上述李贽的说法，恐怕是借口。其实，李贽之剃发，原因之一是不想受人管束："缘我平生，不爱属人管"（李贽《豫约》）；原因之二，是他人（如耿定向等）既然以"异端"视我，我干脆就以异端之貌出之，"此间无见识者多以异端目我，故我遂为异端，以成彼竖子之名"（李贽《与曾继泉书》）。

为削发，李贽还写了四首诗：

"空潭一老丑，薙发便为僧。顺度恒沙众，长明日月灯"《其一》；"有家真是累，混俗亦招尤。去去山中卧，晨与粥一瓯"《其二》；"为儒已半世，食禄亦多年。欲证无生忍，尽抛妻子缘"《其三》；"大定非关隐，魂清自可人。而今应度者，不是宰官身"《其四》。

"长明日月灯"、"有家真是累"，李贽削发为僧的生活是清静的。有时，李贽真想出世。

这段时期，李贽的侄儿子贵儿溺死在龙湖，李贽很伤感，他写诗哭道："骨肉归故里，童仆皆我弃，汝我如形影，今朝唯我矣！"（《哭贵儿》）"流寓客子"的李贽"今朝唯我矣"。

也就在这段时期，罗汝芳（近溪）去世，他活了74岁。王畿（龙溪）和罗汝芳（近溪）皆王学中人，是李贽笃信的学者。见过王罗两人之后，李贽"无岁不读二先生之书，无口不谈二先生之腹"（李贽《罗近溪先生告文》）。在《答耿司寇书》文中李贽写道："近溪先生，从幼闻道，一第十年乃官……（晚年）犹历涉江湖，各处访人。曾子

（曾继泉）回，对我言曰：‘近（溪）老无知者，唯先生（李贽）一人知之。’”——罗汝芳（近溪）把李贽看成唯一的知己。

万历十八年，湖北公安的袁宏道到麻城来访。袁宏道是走了一千多里地，从公安赴麻城向“冥会教外之旨”的奇人李贽请教。

焦竑曾写信给李贽，道同僚袁宗道（袁宏道的哥哥）要拜访李贽，李贽很高兴，希望宗道“枉驾”，但宗道未成行。这番其弟宏道来，李贽也十分欢迎。宏道是才子，有《金屑集》，文名播于三楚。

袁宏道请教李贽，一见倾心，彼此的话题宽泛，从“四书”、“五经”到当下的文坛盟主王世贞及前后七子，还有小说《水浒传》和杂剧《西厢记》、《琵琶记》等。

最让袁宏道震撼的是李贽的质疑和批判精神，他毫不客气地指责所谓“经典”：“《六经》、《语》（论语），《孟》（孟子），非其史官过为褒崇之词，则其臣子极为赞美之语，又不然，则其迂阔门徒、懵懂弟子，记忆师说，有头无尾，得后忘前，随其所见，笔之于书。后学不察，便谓出自圣人之口也，决定目之为经矣，孰知大半非圣人之言乎？纵出自圣人，要亦有为而发，不过因病发药，随时处方，以救此一等懵懂弟子、迂阔门徒耳！”换言之，《六经》、《语》、《孟》本身就靠不住，水分太多。后之学人，把这靠不住、水分多的东西，捧为经典，视作教条，将其僵化，更有一班靠“诗礼发冢”（掘墓，典出《庄子》）的伪善人，把自己打扮成笃信者，这样，《六经》、《语》、《孟》，就成了“道家之口实，假人之渊薮”（李贽《焚书·童心说》）。袁宏道既有才情，又有“根器”，经李贽这么一敲打点拨，不啻醍醐灌顶，自然豁然开朗，他有一首《狂歌》，表达了他开悟之后的心态，诗曰：

“六籍信（果真如）刍狗（古代祭祀用草扎的狗，用完就扔），三皇争纸上。犹龙（老聃）以后人，渐渐成伎俩，嘘气若云烟，红紫殊万状。醯鸡（酒或醋坛中的小虫）未发覆，瓮里天浩荡。宿昔借孔势，自云铁步障，一闻至人言，垂头色沮丧”（《袁宏道集笺注》）。李贽先生是“至人”呢！那些小伎俩、小玩意，经先生的无情颠覆，统统不堪一击，“垂头色沮丧”！

李贽还指责了当时文坛。明朝的前后“七子”，“自梦阳(李梦阳,前七子)之说出，而学者剽窃班(固)马(司马迁)李(白)杜(甫);自世贞(王世贞，后七子)之集出，学者遂剽窃世贞”（游国恩主编《中国文学史·明代文学》），诗坛文苑只是亡灵当道，李贽说：“无病呻吟，不能工……发

袁宏道

自己心事便不求工而自工也”（李贽《续焚书·复焦漪园（竑）》）。乘机，李贽对袁宏道推出了他酝酿中的“童心说”。李贽的“童心说”对袁宏道的影响如何，容后再说。

李贽留袁宏道在龙湖住了几个月。袁宏道有一首《偶成》的诗，劈头就是一句：“谁是乾坤独来往？”谁？不就是李贽么！

就在袁宏道拜访李贽的同年，李贽的《焚书》出版……

李贽“狂怪”之名声达到高潮，《焚书》得到祝世禄、

李贽髡首日游巷陌，人人骇异，谤声四起

袁宗道、梅国桢、汤显祖高度评价。“士人踉踉来学”，李贽还欲在芝佛院后面建“藏骨塔”。但是,《焚书》出版,人读了之后，称“天台重名教，卓吾识真机”，惹得耿定向十分恼怒，“两家门徒，标榜角立”，而李贽到麻城剃发，“髡首（光头）日游巷陌，人人骇异，谤声四起”。耿定向则勾结郡守与兵宪，“谓其左道惑众，捕持之急”，李贽只得“乃去衡州，过武昌”(《泉州府志·文苑传》)。或称，李贽到武昌是缘于耿李之争和当局迫害，当可信。“过武昌”的目的地是“去衡州”。

流寓武昌

李贽是由袁宏道相陪到武昌的，住城东的洪山寺。

武昌有著名的黄鹤楼，李贽第一次到武昌，自然要去登眺一番。“昔人已乘黄鹤去，此地空余黄鹤楼”，这故事催人遐思呢！“晴川历历汉阳树，芳草萋萋鹦鹉洲”，更是风景如画。再凭栏俯瞰长江，“澄江静如练”，让空间和时间在此交织，看云卷云舒，观波来波去，“古今多少事，都付笑谈中”，可以兴出多少深沉的感慨来呀！

李贽一行刚到黄鹤楼下的黄鹄矶头，就遭到了围攻。一群汉子捋袖拔拳，气势汹汹地嚷嚷着要教训“左道”、“妖人”李贽。这到底是怎么回事呢？李贽自思：我新来乍到武昌，无怨无仇，这帮人倘无人唆使，怎会来寻衅闹事！那么，是谁在唆使？不消说，肯定是耿大先生耿定向也。《焚书》出版，惹得耿大先生怒发冲冠，就写《求儆书》予以反击。“求儆”云云，本义是请人指摘过失，可耿大先生文中却以孔子自居，动员门徒们学学子路来攻乎异端，捍卫师父。《求儆书》经耿的门徒刊刻，广为散发，于是就有人在武昌找我的麻烦。想到这里，李贽倒也不慌，主帅未露面，躲背后，面前的恐怕连门徒都不是，充其量只是些雇佣来的喽啰，遂对领头说：“老夫怎是‘妖人’？凭什么被骂为‘左道’？”

喽啰们起哄可以，辨人妖，分左右，就为难了，那领头的只是指着李贽大嚷：“诸位看他僧不僧、道不道、儒不儒，光头偏又留着胡子，不是妖人左道又是什么？”

李贽一听，不禁莞尔：“小哥，行，明日我戴顶帽子不就成了么！”

哄笑中，李贽等人迅速撤离现场。黄鹤楼是登眺不成了，三十六计，走为上策，立马返回洪山寺。

黄鹤楼下遭围攻虽是一场虚惊，但却警示了李贽，李贽果然“加冠易服”，既然耿定向等人放狠话，下辣手，不妨避其锋芒，“好汉不吃眼前亏”。随即李贽又致信周友山请他出面调解与耿定向的冲突：“即日加冠蓄发，复完本来面目。二三侍者，人与圆帽一顶，全不见僧相矣。如此服善从教，不知可逭左道之诛乎？想仲尼不为已甚，诸公遵守孔门家法，决知从宽发落，许其改过自新无疑”（李贽《焚书·致周友山》）。李贽真的投降了？读者若细品信中的语气，品出来的恐怕更多的是“调侃”或“戏谑”。

耿定向使人围攻李贽，然祸兮福所倚，李贽却受到了湖广左布政使刘东星的庇护。

刘东星，山西沁水县人，进士出身，他很欣赏李贽："闻有李卓吾先生者，弃官与家，隐于龙湖。龙湖在麻城东，去会城（省会武昌）稍远，予虽欲与之会而不得……今公安袁生（袁宏道）令吴令（袁尝为吴县县令）者，与之偕游黄鹄矶（在黄鹤楼下）而栖托于二十里之外之洪山寺。予就而往见矣，然后知其果有道者……嗣后或迎养别院，或偃息官邸，朝夕谈吐，始恨相识之晚云。儿相（刘东星之子刘相）时亦在侧闻其言，若有默契者。一时吾乡赵新盘、王正吾参政楚藩，皆获见其面。李克庵时抚三楚，亦获读其书。三公者，遂皆信之，以为真人矣。"（刘东星《书道古录首》）

《泉州府志·文苑传》还记载了这样的轶事：李贽"过武昌……士翕然争拜门墙……过肆，群少年聚饮酣歌，手招之（李贽）入，与畅饮而归。"李贽"酷"得很呢！

李贽在武昌的又一个庇护者是梅国桢（衡湘），麻城人，进士出身，累官兵部右侍郎，总督宣大山西军务，在镇三年。于麻城与李贽见过面。梅国桢说李贽："余家居，与秃翁（指李贽）未数见，见亦未深谈。及余在行间，无与语者，思可共事，无如秃翁。时秃翁寓楚，楚诸大夫，共忧贼（宁夏叛乱），秃翁曰：'无忧，梅生往矣，是必能办贼者'"（梅国桢《孙子参同契序》），对李贽的评价很高。

麻城的事，则交由杨定见去办，杨定见堪可信托，李贽说："能不恨我，又能亲我者，独杨定见一人耳……方我困于鄂城（武昌），定见冒犯暑雪，一年而三四至，则其骨气果有过人者。"（李贽《三蠢记》）

李贽之流寓武昌，有刘东星、梅国桢这样的保护伞，是很幸运的。当时，"耿李之争"越演越烈，几乎升级为全国学界的论战，对此，李贽在思想上不为人屈，继续抗争；在情理上，则蓄发戴帽，相对收敛，还释放出准备与耿定向和解的信号。同时，李贽更多的时间用于读书，批点《孟子》、《东坡集》、《西厢记》、《琵琶记》、《水浒传》等，写成《童心说》。可不久，刘东星奉调至保定，

过肆，群少年聚饮酣歌，手招之入，与畅饮而归

梅国桢也到宁夏“办贼”去了。

刘东星的调任，李贽很惆怅，他写诗云：“假若不逢君，流落安所之”，“南国留棠阴，江城遗白叟”（李贽《寓武昌郡寄真定刘晋川先生》），“真定”即保定，“刘晋川”即刘东星也。

梅国桢去参与军务，李贽写《复澹然大士书》，从武昌寄麻城，“澹然大士”即梅国桢的女儿梅澹然，她守寡而信佛，是李贽的女弟子，《复澹然大士书》中说：“出来不觉就是四年（从李贽剃发为僧算起），只怕死在方上……今幸未死，然病苦亦渐多，当知去死亦不远。但得回湖上，葬于塔屋（藏骨塔），即是幸事。不须劝我，我自然来也，来湖上化，则湖上即我归成之地，子子孙孙，道场是依。未可谓龙湖蕞尔之地，非西方极乐净土矣。”李贽还是把麻城龙湖看成葬身埋骨之处，是“西方极乐净土矣”。

在友人（如沈铁）和亲人（李贽女婿庄纯夫和耿定向的子侄）的调停下，耿李矛盾渐趋平缓。李贽有《与友书》一封彰明了“和解”的心迹：“我于初八夜，梦见与侗老（即耿定向楚侗）聚，颜甚欢悦，我亦全忘记近事，只觉与初时一般谈说终日……我想日月定有复圆之日，圆日即不见蚀时迹矣。果如此，即老汉有福，大是幸事。自当复回龙湖，约兄同至天台（耿定向）处无疑也。若此老始终执拗，未能脱然，我亦不管，我只有尽我道理而已。”在情感上（不是学理上）与耿定向和解，李贽回龙湖度余生的障碍可以排除了。

在武昌，袁宏道的弟弟袁中道（小修）来拜会李贽。李贽道深才高，是二哥袁宏道介绍的。袁中道也聪慧好学。李贽与袁中道很投缘，晤谈欢洽。袁中道有诗记曰：

比来三食武昌鱼，今日重留静者居。
我有兄弟皆慕道，君多任侠独怜予。
尊前鹦鹉人如在，楼上元龙傲不除。
芳草封天波似雪，卷帘对雨读新书。

这诗名《武昌坐李龙潭邸中赠答》。“我有兄弟皆慕道，君多任侠独怜予”，“公安三袁”对李贽实在一往情深。袁中道后来写有《李温陵传》，刻画李贽一生，传神精彩，可一读。

万历二十一年春，李贽67岁了，他从武昌回到麻城龙湖。李贽结束了流寓武昌的生活，有一首他写的《自武昌渡江宿大别》的诗，不知能否借此表达其时的思绪？

疏钟夜半入云房，今夕何由见武昌。
流水有情怜我老，秋风无恙断人肠。
千年芳草题鹦鹉，万里长江入汉阳。
大别原非分别者，登临不用更悲伤！

龙湖岁月

李贽在龙湖呆了三年（67 岁到 70 岁）。

龙湖这个地方，泉石幽奇，气象森严，袁宗道有描绘：“去麻城三十里，万山瀑流雷奔而下，与溪中石骨相触，水力不胜石，激而成潭。潭深十余丈，望之溪清，如有龙眠。而土之附石者，因而得存。突兀一拳，中央峙立。青树红阁，隐见其上，亦奇观也。潭右为李宏甫精舍，佛殿始落成，倚山临水，每一纵目，则光黄诸山，森然屏列，不知几万重……”（袁宗道《龙湖记》）

李贽归龙湖当年夏，袁宏道兄弟来访。武昌一别，袁宏道有《怀龙湖》诗忆李贽：“老子本将龙作性，楚人元以凤为歌”，“矫首云霄时一望，别山长是郁嵯峨”。赴麻城途中，又作《将发黄（安）时》诗：“龟峰数点苍烟里，料得伊人已白头”。到龙湖见李贽，再作《龙潭》诗：“天下岂容知己二？百年真上洞山三”，皆叙说了对李贽的好感。袁氏兄弟在龙湖盘桓十日，遂与李贽分手，袁宏道诗云：“十日轻为别，重来未有期，出门余泪眼，终不是男儿。”李贽答诗曰：“入门为兄弟，出门若比邻，犹然下幽谷，来问几死人。”可谓情谊深厚。“三袁”中另外一位——袁中道在李贽死后，撰《李温陵传》。

李贽此时还与梅国桢家族中的妇女谈佛，作《观音问》、《答以女子学道为见短书》。

69岁时的李贽，其妻黄氏逝。李贽与她“相聚四十余年”（李贽《与（婿）庄纯夫书》），而今天人相隔，遂写诗《哭宜人》：“结发为夫妻，恩情两不牵”，“反目未曾有，齐眉四十年”，“贫交犹不弃，何况糟糠妻？”当然，也有遗憾，“丈夫志四海，恨汝不能从”。

这年（万历二十三年）有朋友顾养谦（冲庵）写信劝李贽“来南通州”（江苏之通州，顾系南通州人，是蓟辽总督），李贽表谢意并诉出门之难，未允。《耿楚倥传》也于这年写成，传中写了李贽与耿定向最终和解事：“往来论辩，未有休时，遂成扞格，直至今日矣。幸天诱我衷，使予舍去‘未发之中’，而天台亦遂顿忘‘人伦之至’。乃知学问之道，两相舍则两相从，两相守则两相病，势固然也。两舍则两忘，两忘则浑然一体，无复事矣。余是以不避老，不畏寒，直走黄安，会天台于山中。天台闻余至，亦遂喜之若狂。志同道合，岂偶然耶？然使楚倥先生而在，则片言可以折狱，一言可以回天，又何至苦余十有余年？彼此不化，而后乃觉耶？”《耿楚倥传》李贽将它抄了三份：一给耿定向，一给耿定理之子，一给耿定力（定向、定理之弟），“相逢一笑泯恩仇”，十余年来的耿李之争终于停息。翌年（万历二十四年），耿定向去世。

不过，耿李息争，又有一个史巡道扬言要把李贽逐出麻城，经朋友调解，遂罢。须知耿李之争毕竟不是个人恩怨呢！

老妻黄氏赴幽冥，女婿庄纯夫回福建，李贽孑然一身，他诗告女婿："七十古来稀，知予能几时？君宜善自计，莫念出家儿"（李贽《庄纯夫还闽有忆》）。"出家儿"是自指，李贽真正无牵无挂了。这时，李贽 70 岁，正值万历二十四年。

浪 游

李贽的对手并未放弃打压李贽，麻城、黄安还是有人扬言欲杀这位 70 岁的"出家儿"。怎么办？走吧！李贽遂于当年,春赴山东济宁,夏赴山西大同,秋赴山西上党。

《豫（预）约》一文类似遗嘱，是李贽本年写的："余年已七十矣。旦暮死不可知。然余四方之人也，无家属童仆在此，所赖以供朝夕者，是本院（龙湖芝佛院）之僧，是故豫（预）为之约。""我死不在今日也，自从遣家眷回乡，独在此落发为僧，即是死人了也。"《豫（预）约》连他身后怎么处置遗留书籍都考虑到了："我爱书，须牢收我书，一卷莫轻借人。时时搬出日头晒，晒干便收讫"，还特别叮嘱，即使女婿庄纯夫来，"也决不可与之"。不知李贽为什么不肯在这个问题发"菩提心"？

李贽之赴山东济宁，因为刘东星在那儿做官，他住在刘东星的官衙里，一个春天，编成《（王）阳明年谱》，"即令梓行"出版（李贽《阳明年谱后语》）。闲时，他游"杜陵池"、"太白楼"，题诗留咏，蛮惬意的。

李贽的另一个靠山梅国桢时任山西大同巡抚。夏天，李贽就赴山西，经晋阳（太原）、过雁门，最后到大同（云中）。途中，李贽留下了一些诗，见否见到梅国桢，不详。

秋天，李贽到了山西上党——沁水。沁水是刘东星的老家。刘东星邀他，是为子侄之师的。李贽很感谢这位“主翁”，作诗云：“明朝七十一，今朝是七十……聪明虽不逮，精神未有害。笔秃锋芒少，指柔龙蛇在。宛然一书生，可笑亦可爱。且将未死身，暂作不死人。所幸我刘友，供馈不停手。从者五六人，素饱为日久。如此贤主人，

舟下南京，焦竑迎抵

何愁天数九”（李贽《（冬）至日自讼谢主翁》）。

在山西沁水大约呆了年把吧，万历二十五年九月，李贽到北京，住西山极乐寺。万历二十六年，李贽春出北京，乘舟南行，焦竑迎而抵南京（白下），寓永庆寺，转居牛头山、摄山。

在南京，李贽与杨复所“狎主道盟”。焦竑比较李与杨，称“（杨）先生如和风甘雨，无人不亲；（李）长者如绝壁巉岩，无罅可入。二者同得法于盱江（罗汝芳），而其风尚悬殊如此。余以未知学者，不可不见（杨）先生，不如此，则信向靡定；既知学者，不可不见长者，不如此，则情尘不尽。天生此两人激扬一大事于留都，非偶然也”（焦竑《澹园集·题杨复所先生语录》）。

李贽还见到了袁中道，“自是仙郎佳况在，何妨老子倍精神”（李贽《雨中塔寺和袁小脩（中道）韵》。据《年谱》，李贽前往江西去见了汤显祖。

尤其引人关注的是李贽与利玛窦的交往。“那位啸傲王侯目空一世，不肯轻易去见达官显宦的李贽和尚，竟不惜纡尊枉驾先来拜访利公。利公前往答拜的时候，他带了许多随侍的弟子簇拥着出来相见，彼此畅谈宗数，谈得很久，但他不肯讨论也不辩驳，只说你们天主教是好的。他送给利公两把扇子，上面写着两首小诗，是他的亲笔。这两首诗后来有许多人抄读，还收入他的诗集，刊印出来了。末了，他命人把利公的《交友论》抄了好几份，加上几句推崇的话，寄给他湖广一带为数很多的门徒”（裴化行《利玛窦司铎与当代中国社会》）。李贽写给利玛窦的诗是："逍遥下北溟，迤丽向南征。刹利标名姓，仙山纪水程。回头十万里，举目九重城。观国之光未？中天日正明"（李贽《焚书·赠利西泰》）。令洋人大跌眼镜的是，"那位与利公交好的李贽继续贬黜着'古圣先贤'，反把

与利玛窦晤面

那人们所视为的‘危险人物’备加揄扬”（裴化行《利玛窦司铎与当代中国社会》）。

李贽对见利玛窦的观感是：“利西泰，大西域人也。到中国十万余里，初航海至南天竺始知有佛，已走四万余里矣。及抵广州南海，然后知我大明国土先有尧舜后有周孔。住南海肇庆凡二十载，凡我国书籍无不读，请先辈与订音释，请明于《四书》性理者解大义，又请明于《六经》疏义者通其解说。今尽能言我此间之言，作此间之文学，行此间之礼仪，是一极标致人也。中极玲珑，外极朴实。数十人群聚喧杂，仇对各得，傍不得以其间斗之使乱。我所见人未有其比，非过亢则过谄，非露聪明则太闷闷瞶瞶，皆让之矣。”

李贽还写道，“但不知到此何为？我已经三度相会，毕竟到此何干也？意其欲以所学易吾周孔之学,则又太愚，恐非是尔”（李贽《续焚书·与友人书》）。据此，可知李贽与利玛窦有过三次晤面，亟夸其聪明好学，“中极玲珑，外极朴实”，“我所见人未有其比”。因为交往颇浅，不知利玛窦到此何干？“意其欲以所学易（换）吾周孔之学，则又太愚”，但李贽又拿不准，“恐非是尔”。从这点上看，李贽不如徐光启，徐光启还与利玛窦合作，把西学介绍了进来。李贽写给利玛窦的诗也极空泛。

次年（万年二十七年），李贽滞留在南京。顾养谦又邀去南通州，李贽复信道：“计不出春三月矣（春三月来访），先此报言，决不敢食（言）”（李贽《复顾冲庵

（养谦）书》），可到底还是食言了。春夏之交，梅澹然来信邀李贽重回麻城，李贽写诗赠梅澹然，他惆怅于与梅澹然的分隔：“一回飞锡下江南，咫尺无由接笑谈”，他夸赞梅澹然的仪表举止：“欲见观音今汝是，莲花原属似花人”（李贽《却寄》）。秋，李贽归麻城龙湖。

七月，焦竑等在南京刻《藏书》，九月完成。

入狱与自刎

李贽代表了一种新思维，耿李之争虽息，但当局对李贽的迫害却从此而起，他们担心李贽坏了伦理纲常，“贽遂至麻城，筑室龙湖寺中，著书谈道，听者日众。间有宦门闺秀，亦致篚帛受业。由是喧阗郡邑。符卿周公宏袀曰：‘李先生学已入禅，行多诞，祸不旋踵矣。’会冯应京为楚佥事，毁龙湖寺，置诸从游者法”（《泉州府志·文苑传》）。冯应京于万历二十八年升为湖广佥事，分巡武昌、汉阳、黄州三府，“绳贪墨，摧奸豪，风采大著”。李贽遂被看成“思想犯”。这时，李贽已 74 岁。

与此同时，还有通政使杨时乔斥罗汝芳（近溪）之学与佛学相混须“禁”疏。《明史稿·杨时乔传》写道：“（杨）最不喜王守仁（阳明）之学，辟之甚力，尤恶罗近溪，官通政时，具疏斥之曰：‘佛氏之学，初不混于儒，乃汝芳（近溪）借圣贤仁义心性之言，倡为见性成佛之教。谓吾学直捷，不借修为，于是以传注为支离，以经书为糟粕，以躬行实践为迂腐，以纲纪法度为桎梏，逾闲荡检，反道乱德，莫此为甚。而后学转相信从，祸将安极？望敕有司明禁，以彰风教。’诏从其言（万历皇帝批准了）。”

李贽在“异端”（还有一顶帽子是“宣淫”）的罪名下，屋庐被毁，藏骨塔被拆，被逐出麻城。幸亏前御史马经纶（诚所）相助，得避商城黄柏山（山在河南光州商城县，麻城东北），经冬而春，李贽遂与马经纶同避于北通州，寓于马家。一年而《九正易因》、《续藏书》成。《居士传》载：“御史马经纶尝往问《易》义，大服，事以师礼，奉之入黄柏山，旋御以北，馆于通州。”李贽没去成顾养谦的“南通州”，反而到了马经纶的“北通州”。

万历三十年，76岁的李贽入狱。李贽入狱，系礼部给事中张问达弹劾。张问达，字德允，泾阳（今陕西泾阳县）人。进士出身，时任礼部给事中，系“东林党人”。

张问达的《劾李贽疏》文如下：李贽壮岁为官，晚年削发，近以刻《藏书》、《焚书》、《卓吾大德》等书，流行海内，惑乱人心。以吕不韦、李园为智谋，以李斯为才力，以冯道为吏隐，以卓文君为善择佳偶，以秦始皇为千古一帝，以孔子之是非为不足据。狂诞悖戾，不可不毁。尤可恨者，寄居麻城，肆行不简，与无良辈游庵院挟妓女，白昼同浴，勾引士人妻女，入庵讲法，至有携衾枕而宿者，一境如狂。又作《观音问》一书，所谓观音者，皆士人妻女也。后生小子，喜其猖狂放肆，相率煽惑。至于明劫人财，强搂人妇，同于禽兽而不之恤。迩来缙绅大夫。亦有诵咒念佛，奉僧膜拜，手持念珠，以为律戒，室悬妙像，以为归依，不知遵孔子家法，而溺意于禅教沙门者，往往出矣。近闻贽且移至通州，通州距都下四十里，倘一入都门，招致蛊惑，又为麻城之续。望敕礼部，檄行通州地方官，将李贽解发原籍治罪。仍檄行两畿及各布政司将贽刊行诸书，并搜简其家未刻者，尽行烧毁，毋令贻祸后生，世道幸甚(顾炎武《日知录》卷十八引《神宗实录》)。

这劾疏一上，敕旨便准容弹劾：李贽敢倡乱道，惑世诬民，便令厂卫五城严拿治罪。其书籍已刻未刻，令所在官司，尽搜烧毁，不许存留。如有党徒，曲庇私藏，该科道及各有司，访奏治罪（《神宗实录》）。

黄仁宇先生分析道：张问达的奏疏所以被万历皇帝批准，是因为“张问达的奏疏具有煽动的力量，他使用的是‘罗织’的方法，把一些单独看来不成其罪状的过失贯穿一气，使人觉得头头是道，何况把可能的后果作为现实的罪行，也是明朝司法中由来已久的习惯。而全部问题，说到底，还在于牵涉到了道德的根本”（黄仁宇《万历十五年·李贽》）。

又有礼部尚书冯琦者，乘机雪上加霜，奏请儒者之道混入佛说的书籍，一概要烧，尤其在考试答案中必须坚决禁止。于是，皇上颁旨，称：“仙佛原是异术，宜在山林独修。（为官）有好尚者，任期解官自便。”（顾炎武《日知录》引）

这样，李贽被逮入锦衣卫。

“一生一死，乃见交情”，为李贽辩冤的是前御史马经纶。他写《与当道书》陈述自己的观点：“夫以七八十岁垂尽是人,加以淫纵勾引之行,不亦可笑之甚乎?且所谓‘麻城士女’云者,盖指梅衡湘(国桢)守节之女(澹然大士）言也。夫衡湘身冒矢石，为国讨贼，凛凛大节，是当今一个有数的奇男子，乃有妇不能制，有家不能正，有仇不能报，有耻不能雪，必待诸公为抱不平，而慷慨陈言，代为处分，世间尝有此理乎？！……盖此事起于麻城士夫相倾，借僧尼宣淫名目以诋衡湘家声，因以坏衡湘之官，如斯而已。”他又说：“夫评史与论学不同。《藏书》品论人物，不过一史断耳，即有偏僻，何妨折衷，乃指以异为邪，如此，则尚论古人者，只当寻行数墨，终身唯残唾是咽，不敢更置一喙耶……今李氏刊书，遍满长安，可

入　狱

复按也。乃不摘其论学之语，商量同异，而顾括其评史之词，判定邪正，何也？”在《上萧司寇书》中，马经纶说：“（卓吾先生）宦游二十余年，一介不取，清标苦节，人所难堪，海内缙绅，谁不慕悦？夫以如是人品，如是操履，而以逾闲荡检之事诬之，亦大不伦矣……先生有官弃官，有家弃家，有发弃发，盖其天性孤峻，直行己志，老来任便，有何不可？”马经纶又说：“先生之寓通州”，是我邀请来的，“以避楚难”。“先生业已无意于人世，又何意于都门？乃过虑先生入都……都中女士果一七十六岁老丑病夫所能勾引否？……大凡少年有志读书者，必不肯近妇人；少年喜近妇人者，必不肯读书。既以著书为先生罪，又以淫纵为先生罪；既曰晚年削发，又曰勾引妇女，不亦自相矛盾乎？此真可笑之甚矣！”《明史稿·马经纶传》据《明史稿·马经纶传》载，这位马经纶先生是顺天通州人，万历进士，是个直言抗命、“从道不从君”的好官。

马经纶的辩护是起了作用的，最后，李贽免死。李贽的死是自杀。《帝京景物略》写道：“（李贽）时欲老（于）盘山，会当道疏上，指为妖人，逮诏狱，寻得其实，议发还籍（归福建），李曰：‘我年七十六，作客平生，何归为？’遂以剃发刀自刭。”马经纶后来谈到李贽之死，“且不刎于初系病苦之日，而刎于病苏之后；又不刎于事变初发、圣怒难测之日，而刎于群喙尽歇、事体渐平之后，真不可思议，其偈有曰：‘志士不忘在沟壑，勇士不忘丧其元’。”（马经纶《答张又玄先生书》）这原因在于，

自　刎

李贽曾谈到："既无知己可死，吾将死于不知己者，以泄怒也。"（李贽《五死篇》）

"不自由，毋宁死"，李贽用死捍卫了自己的信仰。

马经纶安葬了李贽，筑其坟于通州马氏庄迎福寺之侧，"冢高一丈，周列白杨百余株。碑二，一曰'李卓吾先生之墓'，秣陵焦竑题；一曰'卓吾老子碑'，黄梅汪可受撰"（《帝京景物略》）。马经纶不久也忧愤而死。

李贽之死，焦竑叹息："今岁宏甫以诬被逮，死燕邸，余既不能奋飞……"（焦竑《澹园集·雪松潘君墓志铭》）。袁宏道写诗悼念："消息遥从海外来，飞云萧飒满燕台"，"豺狼当道凭谁问？妒杀江湖老秃翁"，"凭君指点归真处，吴楚燕闽共一家"（《纪事十绝》）。

马经纶与李贽的道义之交，备受后人称夸："先生（李贽）以死友之谊，就马侍御于通州，及被逮，不可辱而自刎，则侍御搜其遗骸，归葬之。今其冢岿然，其白杨森森然也。呜呼，世之无朋友也久矣，乃有生于我乎养，死于我乎葬，如侍御者，则千古之友谊，未坠地矣。”（詹轸光《李卓吾先生碑阴记》）

李贽事件，或称“妖书”事件，牵连了一些人。但

李贽通州墓

李贽之著述益重。故李贽死后26年，明熹宗天启五年，四川道御史王雅量疏中称："奉旨，李贽诸书，怪诞不经，命巡视衙门焚毁，不许坊间发卖。"（顾炎武《日知录》卷十八引）

附记：李贽死后，其"胜己之友"焦竑撰写了《追荐疏》，于追慰亡灵之中谴责暴政："卓吾先生秉千秋之独见，悟一性之孤明。其书满架，非师心而实以通古；传之纸贵，未破俗而先以惊愚。何辜于天，乃其摩牙而相螫；自明无地，溘焉朝露而先晞……曾于公而何憾，顾我辈而奚堪？灯火残更，尚想诗书之讨论；林泉清画，犹疑杖履之追游。痛逝者之如斯，伤谮人之已甚。虽有志者不忘在沟壑之念，而杀人者宁不干阴阳之和！"

又，万历三十八年（1610），李贽去世八周年之际，袁宏道、汪可受等四人去李贽墓前凭吊，只见荒草孤坟，白杨萧萧。袁宏道与汪可受商定：卓吾老有家弃家，本欲终老楚地，然楚人待之不善，以至流落北通州，乃我楚人之耻，拟树一碑来洗雪之。碑文由袁宏道撰，碑资由汪可受等捐。不久，袁宏道逝世，碑文也由汪可受所撰写了（转引自鄢烈山、朱建国著《李贽传》）。

李贽的著述与思想

李贽"平生著述，见刊刻四方者，不下数十百种"(李贽好友马经纶语)，其中，以《焚书》、《藏书》、《说书》三种影响最大，以至汤显祖赞曰："《焚书》焚不尽、《藏书》藏不尽，《说书》说不尽。"

著述表现的是思想。李贽思想自有源流，他习儒研佛探老，博采众汇，然又以"吾"为"卓"，断以己意，彰显了学者"我思故我在"极其可贵的独立品格。

李贽思想在当时被视为"异端"，究竟异端在哪里？本书以"反对孔子是非为是非"、"大道不分男女"、"独特的历史人物评价观"、"与耿定向的争论"等章节给予叙述和介绍之。实践是检验真理的唯一标准。在李贽死后的四百多年的今天，中国早就由帝制走向共和，故李贽思想的是耶非耶，读者自可明察。

《焚书》、《藏书》及其他

活了 76 岁的李贽，著述颇丰。

袁中道说：“公（李贽）素不爱著书”，怎么又著起书来了呢？李贽著书是逼出来的。万历十二年，李贽与耿定向起争论，于是，“与耿公辩论之语，多为掌记者所录，遂裒之为《焚书》”（袁中道《李温陵传》）。李贽自刻《焚书》是万历十八年。初刻是两卷，后增加。《焚书》出版，使李贽名噪一时。

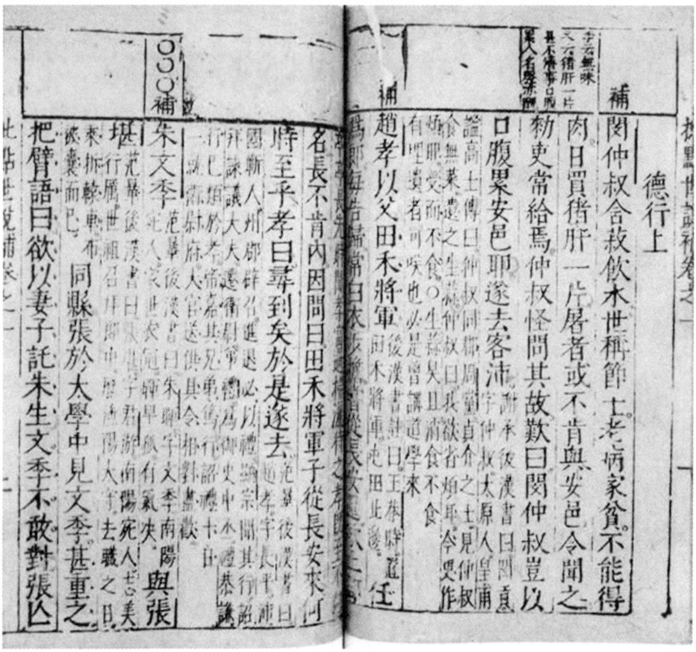
德行上
補 閔仲叔舍[秋]飲水世稱節士老而病家貧不能得
肉日買猪肝一片屠者或不肯與安邑令聞之
勑吏常給焉仲叔怪問其故歎曰閔仲叔豈以
口腹累安邑耶遂去客沛
補 趙孝以父田禾將軍
名長不肯内因問曰田禾將軍子從長安來何
時至乎孝曰尋到矣於是遂去
補 朱文季
把臂語曰欲以妻子託朱生文季不敢對張

《焚书》

《焚书》内容分书答（书信）、杂述、史论和诗歌四部分，主要批判儒家经典和假道学家。其自序云:《焚书》本来是答知己书信来往所提出的问题，所言大多刺中近世学者的要害，他们岂肯干休，必然要杀我，所以要“焚”，别保留。但要焚的书李贽却刊刻出来，谤亦随之，起初郡守兵宪诬蔑李贽是“左道”，搜捕甚急，李贽只好离开黄安避难，耿定向发表《求儆书》，呼吁其徒众攻讦李贽，遂有李贽在武昌之厄。

《续焚书》是《焚书》的续篇，两者体例相同。《续焚书》部分内容见于《焚书》，部分内容见于《藏书》。

伪道学家对《焚书》、《续焚书》的出版十分恼怒，欲置之死地而后快，但思想新锐者击节赞赏，有的地方甚至“一境如狂”。“公安三袁”之袁宏道称：“幸床头有《焚书》一部，愁可以破颜，病可以健脾，昏可以醒眼，甚得力”（袁宏道《袁中郎全集》）。万历四十六年，李贽死后16年，他的学生汪本钶编辑《续藏书》，序曰：“先生（李贽）一生无书不读，无有怀而不吐……以故一点摛，自是天下万世之是非，而一咳唾，实关天下万世之名教。不但如嬉笑怒骂尽成文章已也，盖言语真切至到，文辞惊天动地，能令聋者聪，聩者明，睡者醒，病者起，死者活，噪者静，浊者洁，肠冰者热，心炎者冷，柴栅其中者自拔，倔强不降者亦无不留意俯而心折焉。”

李贽“以时义诠圣贤深旨，为《说书》。最后理其先所诠次之史，焦公(竑)等刻之南京，是为《藏书》”

（袁中道《李温陵传》）。《藏书》六十八卷，出版于万历二十七年的李贽生前。焦竑等作序。李贽死后7年，《续藏书》刊刻。

《藏书》、《续藏书》是李贽的读史笔记。李贽读史，"我思故我在"，以新的标准重新评价历史人物，掀翻千年旧窠臼。《藏书》收录上起战国，下迄元代的历史人物约八百个。多取材正史《通鉴》，采辑史实编为纪传，有《世纪》有《列传》，先有总论，后附评语，断以己意。《列传》中分大臣、名臣、儒臣、武臣、贼臣、亲臣、近臣、外臣八类。《续藏书》则辑录明代史实，记载明初至万历以前明代人物四百名，共分十四目。比诸《藏书》，《续藏书》立意"扬善不刺恶"。

李贽取名《藏书》，也有深意：因为李贽欣赏司马迁作《史记》的"是非颇谬于圣人"（班固语），要断以己意，另立是非。李贽说：我是写给自己看的，不给别人阅读，所以名《藏书》。有几个朋友硬要借看，无可奈何，我只能出借，但告诫说，别拿孔子的是非观来看我（李贽《藏书·世纪列传总目前论》）。以后，李贽遭弹劾，《藏书》的内容是"罪名"之一。

读史，李贽还有《史纲评要》三十六卷，属编年体史评，从唐尧一直写到元代，共3724年。每一朝代列一"纪"，顺序而下。计分"三皇五帝纪"、"夏纪"、"商纪"……"元纪"，记载重大历史事件，加以摘录和评点，通过眉批、夹批、段后评和对史文的圈、点、抹等，表达自己的看法。该书于李贽死后11年（万历四十年）刊印于南京。

《焚书》、《说书》、《藏书》这三本书，影响极大，以至汤显祖赞曰："《藏书》藏不尽，《焚书》焚不尽，《说书》说不尽。"（汤显祖《〈李氏全书〉总序》）

除此之外，李贽习佛，则有《心经提纲》、《观音问》等；李贽研道（道家之道），则有《庄子解》、《老子解》等；李贽读《易》，则有《九正易因》等；李贽读集，则有《坡仙集》、《读升庵集》等；李贽还著有《初潭集》、《明灯道古录》；李贽批点《水浒》、《西厢》等小说戏剧，也留下了不少文字。

与李贽有"生死交情"的马经纶谈到当时李贽著述的出版情况——

海内传先生刻书：若陕西刻《南询录》，长芦刻《龙溪集》，徽州刻《三教品》，济宁刻《道学钞》，永平刻《道古录》，山西刻《明灯录》，此皆素与先生不相识面之士大夫，喜其书，而乐梓之，先生不知也。又况书坊觅利之人，见其刊之获厚赀也，每窃得先生抄稿，无有不版行者矣。总计先生平生著述，见刊传四方者，不下数十百种（《与李麟野都谏转上萧司寇书》）。看来，在当年，李贽的著作就被疯狂盗版了。

在李贽去世近四百年后，2000年，社会文献出版社出版了《李贽文集》，被称为李贽文集中收录最全的点校本。

“异类”思想种种

A. 从中国思想史源流看李贽

著述乃思想的载体。李贽的思想被很多正经的卫道士目为“异端”和“另类”，李贽的思想是怎么来的？这里且勾勒一下李贽思想的源流和轨迹。

孔子“业儒”，儒本是一项职业——“相礼”，相者，助也。礼者，周礼也。周礼是周公制定的，是以血缘、亲情为纽带的“宗法制”，孔子追随周公，“郁郁乎文哉，吾从周”（《论语·八佾》），且以梦见周公为荣（《论语·述而》）。说穿了，儒家学说的开创者是周公，孔子无非光大而已。春秋战国，社会转型，礼崩乐坏，兵革战火遍地，孔子看不惯，凄凄惶惶为恢复周礼而奔走，成了“丧家狗”(《史记·孔子世家》）。

孔　子

秦王嬴政仗法家之说鼎定天下，建立了一元的极权政体，是为“秦政”。春秋战国，就是“秦政”嬗替“周礼”的过程。“始皇帝”者，史无前例，故“皇帝”前加一“始”

字。而“皇帝”一词亦系从“三皇五帝”中抽出合成，以代周所称的“天子”，此乃秦之独创。

秦二世而亡，极短，经陈胜吴广大泽乡起义；楚汉相争而汉立，然“祖龙（秦始皇）虽死，秦政不变”，汉袭秦制，皇帝制度照样接续。但法家苛刻，于是采黄老学说之宽柔，成“文景之治”，轻徭薄赋，与民休养生息。俟国力恢复，汉武帝就采董仲舒之策而“罢黜百家，独尊儒术”——儒家不严不宽，“极高明而道中庸”。当然，汉之儒学实为“汉儒”，与孔子有一定的差异。

秦始皇

魏晋南北朝是玄学兴。玄学者，新道家也，或守道斥儒，或援儒入道，儒家似乎边缘化。而佛道两教亦渐成气候；佛法西来，经魏晋南北朝之发酵孳乳，颇兴旺，北朝洛阳“伽蓝”（寺庙）成堆，而“南朝四百八十寺”，也“多少楼台烟雨中”（唐杜牧诗）；道教则创自张道陵，膜拜老子，吸收神仙术，蔚然成宗。

汉武帝

唐朝“三教合流”，韩愈欲“道济天下之溺”（苏东坡语），把儒家的“道统”扛起来。至宋，宋儒又将儒学推进到一个新阶段。宋儒分两派：程朱倡“理学”，鼓吹“存天理、灭人欲”（《朱子语类》卷十二），强调“天理”第一；陆九渊（象山）玩“心学”，认定“宇宙即是吾心，吾心即是宇宙”（《象山全集》卷三十六），强调“吾心”第一。理学重客体，心学宗主体。“鹅湖大会”上，朱熹与陆九渊展开了激辩。冯友兰先生把宋儒的两个学派理学与心学称为“更新的儒家”，“他们是比道家更地道的道家，也是比佛家更地道的佛家”（《中国哲学简史》）。理学在明朝极盛，朱熹的《四书集注》成科考的范围。然心学经过明朝王守仁的阐述和发挥，也信众不少。王守仁（1472 ~ 1528），浙江余姚人，字伯安，号“阳明子”，人称“阳明先生”。王阳明承继陆说又推进了陆说，心学遂称“陆王心学”。王阳明一样“以心为本”，他说：“尔未看此花时，此花与尔心同归于寂；尔来看此花，则此花的颜色一时明白起来，便知此花，不在尔的心外。”（王阳明《传习录》）又说：“心即理也。天下有心外之事，心外之理乎？”（王阳明《答顾东桥书》）颇有“存

朱　熹

在就是被感知”之味道。朱熹号召“格物”，王阳明也实践过，不久，便嫌“格物”之繁琐，认为“格物”焉如“格心”，与其“弄一兵车兵器杀人，哪像拿着匕首直捣心窝”来得直接痛快！王阳明的影响很大，直到现当代，唐继尧、蒋介石都信奉“阳明学”。蒋介石败走台湾，不是把台北的“草山”易名为“阳明山”了吗？

从思想源流上说，李贽就属于王学的一派。

在前一章《李贽的生平》的叙述中，李贽在礼部，始知王阳明、王龙溪（王畿，王阳明的弟子）之学。李贽刚生，王阳明就死了，后来，他一见王畿（龙溪）“遂信其非常之人也”（李贽《王龙溪先生告文》）。罗汝芳（近溪）亦王阳明弟子，李贽几次见过罗近溪，尤爱读王龙溪和罗近溪的著作，罗近溪曾托人带话：“近世无知者，唯先生（李贽）一人”（李贽《与耿司寇书》）。李贽与王阳明另一弟子王艮也有接触。晚年，李贽到南京，与王阳明的又一弟子杨复所“狎主道盟”……故沈德符的《野获编》指出：“姚江（王阳明）身后，其高足王龙溪（畿）传罗近溪、李见罗，是为江西一派，传唐一庵，许敬庵，是谓浙江一派。最后，杨复所自粤东起，则又用陈白沙余绪，而演罗近溪近脉，与敬庵同为南京卿贰，分曹讲学，各立门户，以致并入弹章。而楚中耿天台、叔台（定向、定理）伯仲，又以别派传南中，最后，李卓吾出，又独创特解，一扫而空之。”

据说，南宋的杨简初见陆九渊时问：人的本心如何？

冯友兰先生特别点明：“在这里特别提一下，‘本心’原是禅学的用语，但陆王学派也沿用了这个名词”，故称：“陆王心学乃是禅学思想的继续”（冯友兰《中国哲学简史》）。明乎此，则作为王学一员的李贽辞官后要剃发入禅，也就顺理成章了。

理学标榜“理”，理是天理、规矩，朱熹说：人性中原有万物之理，一如柏拉图所说的：“我们出生之前，已经有了对各种价值和事物本质的悟性知识”（柏拉图《斐多篇》），是先天的“宿慧”。心学标榜“心”，“心外无事，心外无物，心外无理”，心是判断一切的价值尺度。王阳明说要“致良知”（有“良知”就会有“恶心”）。但孰谓“良知”？“良知”是怎么来的？皆语焉不详。有一个王阳明弟子的故事，解释了何谓“良知”：这位弟子半夜里抓到一个小偷，便对小偷讲说“良知”的道理，那

陆九渊

小偷笑问：“请问，我的良知在哪里？”那时天气很热，这位王阳明弟子请小偷脱掉外衣，随后又请小偷脱掉内衣，小偷都照办了。接下去请小偷脱掉裤子时，小偷犹豫说：“这恐怕不妥吧。”王阳明的弟子就对小偷说：“这便是你的良知。”（冯友兰《中国哲学简史》）且

不说小偷偷东西属不属"良知"，就算小偷不肯脱裤子是"良知"的话，可原始人一丝不挂，浑无羞耻感，哪有什么"良知"？不肯脱裤子，要保持一点自己的尊严的"良知"，不是后天生成的吗？"良知"如果是先天所秉，岂不等于"天理"了？但话又得说回来，心学，从心所欲，就会确信自己，勇往直前，故陆九渊道："学苟知本，六经皆为我之注脚"（陆九渊《象山全集》卷三十四），为人须"激励奋进，冲决网罗，焚烧荆棘，荡夷污泽"（同上）。心学凸显了人的主体，凸显了我的主体。

李贽青年由儒学入门，"徘徊郎署间"，后接触心学，从兹"无日不读两先生（王龙溪和罗近溪）之书"（李贽《罗近溪先生告文》），再学佛和研老，博采众长，由隔而通，李贽就成了李贽。

B. 李贽的"异类"思想

顾炎武是个著名的学者，他倡"天下兴亡，匹夫有责"，很有担当，然而，顾炎武评李贽："自古以来，小人之无忌惮，而敢于叛圣人者，莫甚于李贽"（顾炎武《日知录》卷十八）。儒林重君子鄙小人，李贽被视为"小人之甚"，异端也，他的思想究竟"异"在哪里？此择其要者而述之。

1. 反对"以孔子之是非为是非"

冯友兰先生分析道，如果照陆九渊的说法去做，那么，"连孔子的权威都不再需要了"（冯友兰《中国哲学简史》）。果不其然，这位"陆王心学"的徒子徒孙，"独创特解，一扫而空之”（沈德符语，见前）的李贽就颇不买孔子的账，坚决反对“以孔子是非为是非”。

汉朝，儒家学说被钦定为官方哲学，孔子地位陡然升高。至宋元明朝代，孔子益发神圣化，被戴上一顶顶神圣的桂冠，“以孔子是非为是非”，戳穿了就是为了维护统治需要。“孔夫子曾经计划过出色的治国方略，但那都是为了治民众者，即权势者设想的方法，为民众本身的，却一点都没有”（鲁迅《且介亭杂文二集·在现代中国的孔夫子》。其实，儒家对皇帝制度的建立未立寸功，故嬴政革“周礼”为“秦政”，儒生咒皇帝，皇帝坑儒生。等到皇帝制度巩固，两者关系才翻了个个儿，皇帝要儒生来讲君臣大义，防范造反；儒生见恢复“周礼”无望，就改换门庭，到皇帝手下去拿俸禄。刘邦从溺儒冠到喜欢儒生叔孙通为其制礼，尝到了当皇帝的甜头，此是皇帝与儒生的调情期。至汉武帝，“罢黜百家，独尊儒术”的大旗一张扬，皇帝和儒生的关系才进入到蜜月期。

冯友兰《中国哲学简史》

李贽问，“以孔子是非为是非”，那么，“前三代（夏商周），吾无论矣；后三代，汉唐宋是也，中间千百年来，而独无是非者，岂其人无是非哉？”（李贽《藏书·世纪列传总目前论》）这问题的确提得尖锐。孔子生在春秋时期，生前，“知我者，其天乎”（《论语·宪问》），很凄惶。到汉武帝，孔子才被抬出来，那武帝之前就没是非了么？当然，有个周朝，孔子是“从周”的，那周以前的夏商二代呢？

李贽尤其讨厌宋代理学家对孔子的“天不生仲尼，万古如长夜”的肉麻吹捧，他写有一篇小品《赞刘谐》，载于《焚书》，全文如下：

有一道学，高屐大履，长袖阔带，“纲常”之冠，“人伦”之衣，拾纸墨之一二，窃唇吻之三四，自谓真仲尼之徒焉。时遇刘谐。刘谐者，聪明士，见而哂曰：“是未知我仲尼兄也。”其人勃然作色而起曰：“天不生仲尼，万古如长夜。子何人哉，敢呼仲尼而兄之？”刘谐曰：“怪得羲皇以上圣人尽日燃纸烛而行也。”其人默然而止。然安知其言之至哉！李生闻而善，曰：“斯言也，简而当，约而有余，可以破疑网而昭中天矣。其言如此，其人可知也。盖出于一时调笑之语，然其至者百世不能易。”

文章开头，先对讲理学的“道学”先生做了描绘，用外表的崇高来衬托其内在的渺小，反讽意味强烈；而后，刘谐出场，一句“呼仲尼而兄之”引出文章波澜；接着就是一场论战，针对道学先生“天不生仲尼，万古如长夜”的称誉，刘谐用“怪得羲皇以上圣人尽日燃纸烛而行也”的诙谐的归谬法而驳之，以至呛得对手“默然而止”，说不出话来；最后，是李贽对刘谐的赞语：“盖出于一时调笑之语，然其至者百世不能易。”整篇文章仅两三百字，不长，可语言幽默，风格明快，人物刻画传神（如那位道学先生开头的倨傲到后来的困窘），文字十分有生气。读此小品，李贽的大无畏精神跃然纸上。

陆王心学"以心为本"，李贽也说过："道本不远于人……可知人即道也，人外无道，道外亦无人"（李贽《明灯道古录》），鼓吹"以孔子是非为是非"，渲染"天不生仲尼，万古如长夜"者，岂不是等于说，孔子以前或孔子独尊以前的人群就毫无心肝了呢？只是些行尸走肉而已？与孔子差不多同时的诸子百家各有是非，翻翻先秦思想史，诸子批孔的人就很多：道家批孔，老子就说过："失道而后德，失德而后仁，失仁而后义，失义而后礼，夫礼者，忠信之薄而乱之首也"《老子·第三十八章》；墨家批孔，以"兼爱"反"仁爱"；法家也批孔，韩非就指儒为"五蠹"之一（《韩非子·五蠹》……这怎么说？李贽的这个质疑是正确的。问题是，孔子之后或孔子独尊之后，该不该以孔子的是非为是非？不可否认，孔子是中国先秦时期一位重要的思想家，孔子对华夏民族为人处世的准则有总结，他的是非观有些是对的，譬如"己所不欲，勿施于人"（《论语·卫灵公》）等等，这甚至被视为

王　充

“道德黄金律”，自然要肯定。但孔子有些是非观并不对，须校正。试看即或到了“独尊儒术”的东汉，王充在其著作中就有《问孔》一文，对孔子的批评就很中肯且深刻：

佛肸召，子欲往。子路不说，曰：“昔者由也闻诸夫子曰：‘亲于其身为不善者，君子不入也。’佛肸以中牟畔，子之往也如之何？”子曰：“有是言也。不曰坚乎？磨而不磷；不曰白乎？涅而不淄。吾岂匏瓜也哉，焉能系而不食也？”

子路引孔子往时所言以非孔子也。往前孔子出此言，欲令弟子法而行之。子路引之以谏，孔子晓之，不曰“前言戏”，若“非而不可行”，而曰“有是言”者，审有当行之也。“不曰坚乎？磨而不磷；不曰白乎？涅而不淄”，孔子言此言者，能解子路难乎？“亲于其身为不善者，君子不入也”，解之宜曰“佛肸未为不善，尚犹可入”；而曰“坚磨而不磷，白涅而不淄”，如孔子之言，有坚白之行者可以入之，君子之行软而易污邪？何以独不入也？

孔子不饮盗泉之水，曾子不入胜母之间，避恶去污，不以义，耻辱名也。盗泉、胜母有空名，而孔、曾耻之；佛肸有实恶，而子欲往。不饮盗泉是，则欲对佛肸非矣。“不义而富且贵，于我如浮云”，枉道食篡畔之禄，所谓“浮云”者非也？

附【今译】

佛肸召聘孔子，孔子想去。子路不高兴地说："以往我听老师说过：'亲身干坏事的人，君子是不去的。'佛肸在中牟叛变，你想去，这是怎么回事呢？"孔子说："我是说过这样的话。可是俗话不也说，坚固的东西磨也磨不薄，洁白的东西染也染不黑吗？我难道是个葫芦，老是挂在那里不吃东西吗？"

子路是引用孔子以往说的话来批评孔子的。孔子以前说这些话是想要弟子们照着实行的。子路引用它来规劝孔子，孔子加以解释，不说"我前回是说着玩的"，或者说"那是我说错了，不能实行"，却说"是有过这样的话"，那就意味着诚然说过，并且应当这样做了。"俗话不也说，坚固的东西磨也磨不薄，洁白的东西染也染不黑吗？"孔子说的这些话，能解答子路的疑问吗？"亲身干坏事的人，君子是不去的"，要解释这样一句话，应当说："佛肸没有干坏事，还可以去"；孔子却说"坚固的东西磨不薄，洁白的东西染不黑"，照孔子的说法，有坚贞而纯洁的操行的人可以去，那么君子的操行岂不是脆弱而易污染吗？为什么独独君子不能去呢？

孔子不喝“盗泉”的水，曾子不进名叫“胜母”的里巷，这样避开邪恶、污浊的东西，并不是因为“盗泉”水和“胜母”巷本身有什么不合理的地方，而是因为它们的名称不好，令人感到可耻。“盗泉”、“胜母”只是有个空名，孔子、曾子认为接触它们可耻；佛肸有实际的罪恶，孔子却要投靠他。如果说，孔子不喝“盗泉”的水是对的，那么他想去佛肸那里就错了。口头上说“不用正当的手段取得富贵，对我来说，就像天上的浮云一样毫无关系”，实际上却想违反正道接受叛逆者的俸禄，所谓“浮云”这类话，难道不是错了吗？

这里，孔子的是非观的确紊乱。在中国古代社会“周礼”向“秦政”转型之际，孔子的立场是保守、倒退、复古的，他向往的是“周礼”：“苟有用我者，吾其为东周矣”（《论语·阳货》），“述而不作，信而好古”（《论语·述而》），如是，倘以孔子是非为是非，怎么“与时俱进，开拓创新”呢？

论者或指出，李贽之反对以孔子是非为是非，“这种思想源于老庄的万物皆有个性，‘物皆自是’，因此不必以他人之性为己之性，不必以他人是非为己之是非。也源于佛教的‘人人皆有佛性’，‘即心即佛，人人是佛’。人人是佛，人人皆有佛性，又何必独取善于孔子？‘又何必专学孔子而后为正脉也’（李贽《焚书·答耿司寇》）”

（许建平《李贽思想演变史》）。很对，然老庄的“物皆自是”和佛家的“人人皆有佛性”实与心学的“心外无理”说相接近。

聪明的李贽还以孔子之言语论断来抨击“以孔子之是非为是非”的谬论，他说“孔子未尝教人之学孔子”（李贽《焚书·答耿中丞》），因为孔子说过“学者为己”（《论语·宪问》）和“君子求诸己”（《论语·卫灵公》），学倘不“为己”，不“求诸己”，而以孔子之是非为旨归，这不成了“舍己而求诸人”么？这不违反了孔子的本意了么？以孔子之矛，攻尊孔子之盾，李贽端的厉害。

于是，李贽把矛头指向了儒家经典。他说被人称为“万世格言”的“五经”——《诗》、《书》、《礼》、《易》、《春秋》，不过是“史官过为褒崇之词”、“臣子极为赞美之语”（李贽《焚书·童心说》）；《论语》、《孟子》，不过是孔孟的门徒，“记忆师说，有头无尾，得后遗前”的读书笔记，绝非“万世之至论”。总之，“五经，《语》、《孟》乃道学之口实，假人之渊薮也”（李贽《焚书·童心说》）。书是“死书”，传授的也是“死法”：“儒先臆度而言之，父师沿袭而诵之，小子聋瞽而听之，万口一词，不可破也，千年之律，不可知也”（李贽《题孔子像于芝佛院》），谬种流传，害人不浅。

“孔子未尝教人之学孔子”，那么，是谁高唱“以孔子的是非为是非”的呢？是孔子之门徒和后学，譬如朱熹之流。李贽认为，孔门弟子中颜渊是真正的好学，颜渊死，孔学亡，其他的门徒“虽有弟子之名，亦无有弟子之实矣”（李贽《焚书·答刘宪长》）。李贽对孟子就不太尊重，把孟子之话，称作“死语”（李贽《藏书·孟轲》）。至于朱熹，更是一蟹不如一蟹，他直斥朱熹“无学”、“无术”，指“理学”为“伪学”，说理学家们只是一批“依仿陈言，规迹往事”（李贽《藏书·赵汝愚》）的复古派。

对孔子的正确态度应该是置于自己理性天平上的“是者是之，非者非之”的“扬弃”，绝非如矮子看戏，前面叫好，我也叫好的一味盲从。姑无论李贽对孔子或孔子后学的态度是否极端，也不论李贽是否执门户之见，他反对“以孔子是非为是非”，是张扬自我，反对权威和偶像崇拜的宣言，无疑使当时的思想界“一石激起千层浪”。“因为天下之大，历史上敢对孔圣人权威挑战的人，敢于说孔子没有说过的话，敢于思考孔子未思考过的问题的人，毕竟鲜矣。”李贽的“影响之深远，晚明思想史上鲜有与之匹敌者”（许建平《李贽思想演变史》）。

2. 大道不分男女

李贽后来被系囹圄，有两个罪名：一、“惑世诬民”，二、“宣淫乱伦”。用现在的话来说，就是又“黑”又“黄”。

说李贽怎么“黄”，马经纶已经作过辩解（《见第一章《李贽的生平》》，此不赘。但李贽的生涯中的确与一位女子有过不寻常的关系。有论者指出：“她的出现，对李贽一生如此重要，以至不仅改变了李贽以往交友和情感的生态，而且还使李贽通过她蓦然发现了个全新的两人世界。”（张再林《车过麻城，再晤李贽》）

这年轻的女性就是梅澹然。要说明的是，她绝非李贽的“小三”或“二奶”，她只是李贽的“红颜知己”。李贽对妻子黄氏是忠诚的，他虽弃家，死于福建的黄氏死讯传来，他难过得没有一夜不梦见发妻（李贽《焚书·与庄纯夫书》）。隔好几年，他还忏悔说，若有近亲，轻易不要剃发为僧。但李贽与黄氏，顶多是份夫妻情而已。李贽接近梅澹然，是欣赏，彼此是一种思想缘。

梅澹然是李贽的靠山兼朋友梅国桢（衡湘）的女儿。梅国桢官至兵部右侍郎。澹然少年与人有婚约，但尚未出嫁，对方就死了，遂守寡孀居，以后削发为尼遁入空门。

李贽对梅国桢写信谈过梅澹然：“公（指梅国桢）人杰也，独知重澹然，澹然从此遂洋溢声名于后世矣。不遇错根盘节，无以别利器。公宜以此大为澹然庆。（澹然）真聪明，真猛烈，真正大，不意衡湘老乃有此儿……羡之，慕之。”（李贽《续焚书·寄梅衡湘》）

娶老友之女为妻者，孙中山就是，可李贽没有。

梅澹然出家为尼那天，李贽有《题绣像精舍》诗赠梅澹然：“龙女成佛今又来。”

李贽与梅澹然，就是一对求知研道的师生，李贽描述：“梅澹然是出世丈夫。虽是女身，然男子未易及之。今既学道，有端的知见，我无忧矣。虽不曾拜我为师——彼知

梅澹然，不相见而相师的“观音”

我不肯为人师也——然已时时遣人走三十里问法，余岂欲不答得乎？彼以师礼默默事我，我纵不受半个徒弟于世间，亦难以不答其请。故凡答彼请教之书，彼以师称我，我亦澹然师答其称，终不欲犯此不为人师之戒也。呜呼，不相见而相师，不独师而彼此以师称，亦异矣！”（李贽《焚书》）

这堪称是教育史上的奇观：“不相见而相师，不独师而彼此以师称”，谁见过来着？尤其是同处一城，“不相见而相师”，背后隐然悬着一副“男女授受，不亲”的礼教之桎梏。

梅澹然的求知研道锲而不舍，“穷追直来，必得见佛而后可”（李贽《焚书》），李贽因此作《观音问》。“观音”者，梅澹然也。观音冰清玉洁，一尘不染，谁能亵渎之？

理学家嘴上高唱“存天理，灭人欲”，道貌岸然，行为上却穿洞越墙，干些见不得人的勾当，或说朱熹就与两个小尼姑的关系说不清楚，而他们镇压李贽的口实，就是“勾引士人妻女入庵讲法”，足见其虚伪。对此，李贽的回答是：“自量心上无邪，身上无非，形上无垢，影上无尘，古称‘不愧’、‘不怍’，我实当之。”（李贽《续焚书》）——人正不怕影子斜，其奈我何！

李贽下过工夫读《易》。正从《易》出发，他提出“夫性命之正，正于太和。太和之合，合于乾坤，乾为夫，坤为妇”，“极而言之，天地，一夫妇也”，“厥初生人，唯是阴阳二气，男女二命”（李贽《初潭集·夫妇篇总论》），这样，“大道不分男女”的论点，自是其逻辑延伸。面对着有女弟子求学研道的四出流言，李贽挥笔写了《答以女子学道为见短书》，这不啻是古代女权主义的重要文献。

文中，李贽首先分析了孰谓“短见”，孰谓“远见”。李贽说：不出于闺阁之见，就是短见，而深查于昭旷之原，就是长见；止于百年，止于一身及子孙，就是短见，超乎形骸、生死及百千万亿劫，就是远见……李贽接着说，短见远见有别但不该于男女来分，“谓人有男女则可，谓见有男女岂可乎？谓见有长短则可，谓男子之见尽长，女子之见尽短，又岂可乎？”有的女人巾帼胜须眉，“女人其身而男子其见，乐闻正论而知俗语之不足听，乐学出世而知浮世之不足恋，则恐当今男子视之，皆羞愧流汗，不敢出声矣”（李贽《焚书》）。

这文字中就有梅澹然的影子，还有与梅澹然一起向李贽求教的其他女弟子的影子。

在李贽看来，“谁说女儿不英雄？”岂止梅澹然！翻翻史籍，那些“才智过人，识见绝甚”的“女子其身而男子其见”者不乏其人，如成就孙刘联盟吴国太，手刃杀父凶手的赵娥，处变不惊的赵匡胤的姐姐，一代才女蔡文姬，出塞和番的王昭君，“胜高宗十倍、中宗万倍”的武则天……（李贽《初潭集》），这些个“的的真男子”，了不起呀！

孔子是鄙视女子的，他说："唯女子与小人为难养也。近之则逊，远之则怨。"（《论语·阳货》）"难养"归"难养"，可又不能没有女子。没有女子，谁来生儿育女，传宗接代？没有儿女，又怎么尽"孝"？无后尽"孝"，那么"孝悌也者，其为仁之本欤"（《论语·学而》），不就被"釜底抽薪"了么？孔子要女人，有老婆，所以后代传到了今天。但女子地位很低，"男尊女卑"、"夫为妻纲"，以后就成了孔学的内容之一。至于说女子"头发长，见识短"，那是社会造成的。古代社会男主外、女主内，实践出真知，相对而言，男子的见识就会大一点，深一点，远一点。李贽的"大道不分男女"论，不仅纠正了孔子，还对所处的社会意识形态发起了挑战，为未来的男女平等社会昭示方向，实在前卫。

李贽与梅澹然的交往大约在其 67 岁时，因遭迫害，李贽 70 岁离开麻城浪游。在南京时，李贽接到梅澹然的一封信，邀他重回麻城龙湖，李贽写《却寄》四首诗复之（见第一章《李贽的生平》），而且立马返回麻城。李贽入狱自杀不久，梅澹然也以 37 岁的韶龄离开人世。李贽与梅澹然的交往真可谓"生死如山不动尘"（李贽寄梅澹然诗）。

经明而清到民国初年，大学还为招不招收女生吵得不亦乐乎，李贽的行为举止实开风气之先。有言曰："超前十年成先烈，超前三年乃先锋"，李贽超前了多少年？

多少冤屈，谁与辩雪？”（《焚书·与焦弱侯书》）李贽要给哪些人洗谤雪冤呢？看书。

《藏书》分两个部分，《世纪》写帝王，从秦始皇开篇。评价这位横扫六合，一统天下之始皇帝的功过，直到今天仍然毁誉不一。李贽对秦始皇是翘大拇指的，“自是千古一帝”，并且将大秦帝国的奠基人物商鞅、李斯等都列入了名臣传。在1974年别有用心的“评法批儒”运动中，“古为今用”，李卓吾被抬起来当作旗帜，着实红了一回。大致说来，虽然不能说李贽是法家，但他是看到了法家思想相对儒家来说的先进性的。比如李贽反对“存天理，灭人欲”，强调人欲的合理性，肯定“好货”、“好色”是人之常情，认为“穿衣吃饭即是人伦物理”，认为“人必有私，夫私者，人之心也。人必有私，而后其心乃见；若无私，则无心矣”（《藏书·德业儒臣后论》）。这些观点，跟法家思想是一致的。商鞅正是判定“人性本恶”，皆好功利，所以奖励耕战，同时又制定律法，公之于众，实行阳光操作，才最大限度地凝聚国力，迅速在虎狼环视的战国时代强大起来的。在李斯传后，李贽全文照录了《谏逐客书》。李斯上书，秦王（即后来的秦始皇）最终收回成命，这让后世的李贽对秦王那种不问出处，“唯才是举”的开放胸怀佩服得五体投地。秦始皇和李斯“焚书坑儒”，儒生和他们有仇，所以一旦获得了话语权，就极力将其“妖魔化”，把他们的历史功绩全都否定了，斥之为暴君酷吏。其实，秦始皇最大的错误是没有在削平六国，结束战争之后进行制度转型，把战时法治转变为“以经济建设为中心”。不过，“百代多行秦政法”（毛泽东《读〈封建论〉呈郭老》），汉武帝“独尊儒术”，实际上是“阳儒阴法”。汉宣帝“作色”答复“宜用儒生”的要求曰：“汉家自有制度，本以霸王道杂之，奈何纯任德教，用周政乎？且俗儒不达时宜，好是古非今，使人眩于名实，不知所守，何足委任。”李贽对宣帝断言“俗儒不达时宜”大为赞叹，称作“千古不易之谈”（《藏书·汉孝宣皇帝纪》），拿捏住儒学厚古薄今，僵化保守的痼疾，大加鞭挞！

秦王朝只传了二世，秦始皇所创立的政治架构则被后来人全盘继承了。“胜者王侯败者贼”，是显性的，可还得“不以成败论英雄”，看看他们留下了什么，这是辨证的历史观，李贽能这样看，很了不起。另外，他认为领导大泽乡起义的陈胜是“匹夫首倡”，“古所未有”，称赞西楚霸王项羽“自是千古英雄”，等等，并将他们全部列入了《世纪》。

《藏书》的第二个部分是《列传》，《列传》分门别类地整理收录了自战国以来一直到宋元时期的大臣传记。《列传》分为《大臣传》、《名臣传》、《儒臣传》、《武臣传》、《贼臣传》、《亲臣传》、《近臣传》、《外臣传》八种，每类之下又分若干门。分类定级，是李贽对大臣的总的评价。大臣难遇，寥寥无几，思其次，传名臣。名臣的标准是什么？“名臣未必知学而实自有学”（《藏书·世纪列传总目后论》，下同）。“自儒者出，而求志达道之学兴矣，故传儒臣。”儒臣“虽名为学而实不知学，往往学步失故，践迹而不能造其域。卒为名臣所笑。然其实不可以治天下国家”。“托名为儒，求治而反以乱，而使世之真才实学、大贤上圣，皆终身空室蓬户已也。则儒者之不可以治天下国家，信矣。”批儒，李贽一以贯之。

《藏书》立传，多为记载人物生平及言行事功，记载多抄史籍，少数的篇章却是评点的写法，编者纵意挥洒，开篇即“李生曰”如何如何，《孟轲》就属此类。在《德业儒臣前论》中，李贽针对宋儒提出的“孟氏之亡其道泯没，而后宋人直以濂洛关闽（此以鹊起之地指代人名，周敦颐曾居道州营道濂溪，世称濂溪先生；程颐、程颢兄弟其家洛阳，世称其学为洛学；张载家居关中，其学称关学；朱熹曾讲学于福建考亭，故称闽学，又称“考亭派”。笔者注。）接孟氏之传”表现出极大的讽刺。李贽认为：“自秦而汉而唐而后至于宋，中间历晋以及五代，无虑千数百年。若谓地尽不泉，则人皆渴死久矣；若谓人尽不得道，则人道灭矣。何以能长世也？终遂泯没不见，混沌无闻，直待有宋而始开辟而后可也。”并说宋儒是“好自大标帜，不知其垢污，亦太甚矣。”好，宋儒自我标榜道接孟学，那就先批孟子。李贽对孟子的批评有三：

其一，孟子的“性善论”有问题。“性相近也，习相远也”（《论语·阳货》）。孔子并未判定人性是善还是恶，孟子则说“人皆有不忍人之心”（《孟子·公孙丑上》），是为善端，由此一口咬定“人性本善”。李

孟 子

贽说："夫人，本至活也，故其善为至善，而其德为明德也。至善者，无善无不善之谓也。惟无善无不善，乃为至善，惟无可无不可，始为当可耳。"我想到了他的《童心说》："夫童心者，绝假纯真，最初一念之本心也。"在他看来，"人性的这种内在混沌性及多样可能性，就是'至善'。如果把狭义的'善'——混沌的、无限多样心性中的一种类型及一种可能性——视为'至善'，视为全部，就会以偏概全、一叶障目"（李珺平《从李贽剖判孟轲谈开去》）。李贽思想的基本出发点是人的世俗生活，"人必有私，而后其心乃见；若无私，则无心矣"。私心即童心，人的私心私欲是正常的，无所谓善恶。这是李贽对孟子"性善论"的批判，而更让他不能忍受的是孟子的自以为是。李贽说，"执一便是害道"，又说"不执一说便可通行，不定死法便足活世"。谈到人性善恶，有人还有更进一步的思考：人类的恶，是绝对的，人类的善，则是相对的。平衡使我们遵循了善，而不平衡诱发了我们的恶。绝大多数时候，我们的空间是不平衡的。人性中的善意像温室里的花朵难以培植，而人性中的恶因则是野火烧不尽，春风吹又生（根据谢宗玉《〈狗镇〉：一部颠覆人类整个价值观的影片》文中观点整理）。

其二，孟子对孔子的吹捧太过。孟子自称是孔子孙子子思的学生，本来，学生崇拜老师，是无可非议的，但是，他说孔子“贤于尧、舜，为生民以来所未有”，就太过了。孔子自称“述而不作，信而好古”（《论语·述而》），难道一个后世的宣讲者还要比建功立业的开拓者还要伟大吗？孟子的吹嘘到宋朝朱熹那里就成了“天不生仲尼，万古如长夜”，李贽更是深恶痛绝，他揶揄道：“怪道羲皇以上圣人尽日燃纸烛而行也”（《赞刘谐》）。怪不得孔子以前的人都要点着纸火灯烛走路呢！附带说一句，在《藏书》中，李贽把孟子放在《德业儒臣》里，而朱熹排到了《经学儒臣》中，倒数第二。

其三，孟子贬损春秋五霸。在《孟子·梁惠王上》中，齐宣王问孟子：“齐桓、晋文之事可得闻乎？”想听他讲讲春秋时期的两个霸主齐桓公、晋文公的事功，以资借鉴，孟子冷脸相对：“仲尼之徒无道桓、文之事者，是以后世无传焉。”孟子极端鄙视“霸道”，崇尚“王道”，看不上以发展经济和整军经武强盛起来的春秋五霸。李贽批孟“王霸之辨，则舛谬不通甚矣”，“吾以为（五伯（霸））正有功于三王者矣，故为三王易，为五伯难”（《藏书·孟轲》）。李贽用孔子的话来批孟子：“夫子曰：‘微管仲，吾其被发左衽矣。一匡天下，民到于今受其赐。’二百余年之周，借是以延长不灭，谁之功也？而以谓‘无道桓文之事’，可欤？”孔子之所以赞美管仲，正是他辅佐晋文公成就霸业，保护百姓，周朝才得以苟安，不然，早就被少数民族给灭了。管仲有言：“仓廪实则知礼节，衣食足则知荣辱”（《管子·牧民》），社会秩序和个人品德是建立在物质基础上的。“王天下”，“虽然需要仁义道德那一套，但更需要经济和军事实力。李贽认为，如果一个王（如东周天子）既不讲仁义又不发展经济也无军事实力，就丧失了做王的责任，也就不能再享受王的权力和待遇。在这种情况下，有‘方伯连帅’站出来，承担王在政治经济和军事上无力承担的责任，维护并延续本民族的文化和制度。这就是‘霸’。李贽说，霸者，伯也；伯者，霸也；二者互训。从宗法制讲，霸作为东周天子的兄弟或叔伯，做这些事很难，因为他们没有天子的名分，也没有天子的权力。若成功就不说了，若失败就身败名裂。所以，‘为三王易，为五伯（霸）难’。齐桓公晋文公干了这些吃力不讨好的事，不但‘率诸兄弟以宗周’，维护了王的地位，也使众诸侯‘无敢相攻伐也’，保持了社会的相对安定。更重要的是，他们还延续了华夏民族那老一套文化。李贽认为，由于霸道比王道更难，所以孔丘称赞管仲是对的也是应该的”（李珺平《从李贽剖判孟轲谈开去》）。

空谈仁义，脱离现实，泥古不化，摧残“异端”，这是儒家思想先天基因中就有的病毒，从李贽对孟子的批判中我们就可以看出来，更遑论后来的汉儒董仲舒、唐儒韩退之和宋儒朱熹了。在《藏书·智谋名臣论》中，李贽还向儒家提倡的“正直节义”提出挑战。李贽认为“士之有智谋者未必正直，正直者未必有智谋。世之贵正直久矣。余谓惟智谋之士不用，而后正直之臣见、节义之行始显耳。节义者，败亡之征也。后汉之末事可见矣。夫惟国家败亡，然后正直节义之士收其声名，以贵于后世，则何益矣”。一个国家到了屈原死谏、荆轲刺秦的时候，怕是距离灭亡不远了，他们的行为是于事无补的。儒家以“仁义礼智信”为五常，左右了中国人的人才观，然而“君子固有才矣，小人独无才乎？”李贽认为“小人”有才，也应得到任用，所以他非常推崇容人大臣。中国人看人：“最重要的是仁义忠孝，有没有才华，有没有能力，有没有功劳，有没有政绩倒不要紧，甚至平庸一点更好，显得老实、忠厚、可靠”（易中天《品人录·曹操》），“宁要无才之德，不要无德之才”。李贽的思想能不“异端”吗？

《藏书》最后一篇是类属《外臣传》的《冯道传》。“外臣者，隐处之臣也。天下乱则贤人隐，故以外臣终焉。”（《藏书·外臣总论》）李贽又将外臣分为“时隐外臣”、“身隐外臣”、“心隐外臣”、“吏隐外臣”四类。“时隐者，时当隐而隐。所谓邦无道则隐是也。”并且认为：“此其人固有保身之哲矣。然而稍有志者亦能矣，未足为难也。”所谓“身隐者，以隐为事。不论时世是也”。身隐又分为数等：“有志在长林丰草、恶嚣沉寂而隐者”，“有懒散不耐烦，不能事生产业作业而其势不得不隐者”。李贽认为：“以此而隐，又何取于隐也。”不赞许这等身隐。还有“不有志在神仙，愿弃人事。”“身游物外，心切救民。”“志趣超绝，不屈一人之下。”数等。对于此类“身虽隐而心实未尝隐也”。李贽认为：“此其隐盖高矣，然犹未大也。必如阮嗣宗等，始为身心俱隐矣。”身隐虽高，但仍不如身心俱隐。身心俱隐，却“犹有逃名之类，尚未离乎隐之迹也”（以上据尉迟凯《从〈藏书〉的成书谈李贽的历史观》有关文字整理）。李贽最为赞许的外臣当属“吏隐”，冯道就是吏隐的代表人物，“吾谓阮公虽欲为冯道之事而不能，若冯公则真无所不可也”。

冯道，五代时人，历仕后唐、后晋（契丹）、后汉、后周四朝十君，拜相二十余年。“忠臣不保二主”，冯道竟仕四朝十君，欧阳修在《新五代史》就把冯道列入杂传，并特意在《冯道传》前写了一篇序。“传曰：礼义廉耻，国之四维；四维不张，国乃灭亡。善乎！管生之能言也。礼义，治人之大法；廉耻，立人之大节。盖不廉，则无所不取；不耻，则无所不为。人而如此，则祸乱败亡，亦无所不至，况为大臣而无所不取不为，则天下其有不乱，国家其有不亡者乎！予读冯道长乐老叙，见其自述以为荣，其可谓无廉耻者矣，则天下国家可从而知也。”踩住冯道叫他不得翻身。李贽也在冯道传后写了专论：“孟子曰：‘社稷为重，君为轻。’斯言也，道知之矣。夫社者，所以安民也；稷者，所以养民也。民得安养而后君臣之责始塞。君不能安养斯民，而后臣独为之安养斯民。而后冯道之责始尽。今观五季相禅，潜移默夺，纵有兵戈，不闻争城。五十年间，虽经历四姓，事一十二君并耶律契丹等，而百姓卒免于锋镝之苦者，道务安养之力也。”却是称赞他为安养民众尽了最大的努力，这是同时的儒生和儒臣都没有做到的。南怀瑾先生极端的东方文化本位主义立场我不敢苟同，他为冯道喊冤倒是与李贽一脉相承的：古今中外的政治总是非常现实的，政治圈中的是非纷争也总是不可避免的。可是当时没有一个人攻击冯道，如从这一个角度来看他，可太不简单。而且最后活到那么大年纪，自称“长乐老人”，牛真吹大了。历史上只有两个人敢这么吹牛，其中一个是当皇帝的——清朝的乾隆皇帝——自称“十全老人”，做了六十几年皇帝，活到八十几岁死，样样都好，所以自称人生已经十全了。做人臣的只有冯道，自称“长乐老人”，这个老人真不简单。后来儒家骂他丧尽气节，站在这个角度看，的确是软骨头。但从另一角度来看，历史上、社会上，凡是被人攻击的，归纳起来，不外财、色两类，冯道这个人大概这两种毛病都没有（南怀瑾《论语别裁》）。

从人物评价看李贽的历史观，也有矛盾之处，说说中国历史上唯一的女皇帝武则天吧。李贽在多处批注中评价武则天是“圣后”、“大圣人”。认为武则天“胜高宗十倍，胜中宗万倍”。但李贽并未将其列入世纪，而是以“唐太宗才人武氏”的身份列入《后妃传》。

另外，李贽对主持北宋“熙宁变法”的王安石的评价非常地偏狭。按理说，王氏一句“祖宗不足法，人言不足恤，天命不足畏”（《宋史·王安石列传》），足以沟通他和李贽的精神世界，但在《藏书·大臣总论》篇末，李贽对王安石提出了批评，认为他“骋其才智、恣其胸臆、狃于闻见、骛于虚名，纵幸而成，亦与野战者等也。又安知天下之重，不可以轻掷；侥幸之事，不可以尝试乎？轻掷而屡试之而屡不悔，彼所谓大贤君子，皆是也。而王介甫、张德远其甚也。介甫不知富强之术而必欲富强；德远不知恢复之计而惟务恢复。悲乎！是直以君父为儿戏也矣”云云，在《藏书》中非但没有提及王安石变法的功绩，却在很多评论中肆意贬低，简直叫人匪夷所思。

4. 与耿定向的争论

李贽一生中，有一场重要的经历，就是与耿定向的分歧、争论乃至冲突，姑称之为“李耿之争”吧！

李贽原来跟耿定向的关系不错。在第一章的叙述中，读者可知李贽先认识耿定理，一见倾心，就称其为“胜己之友”，还想通过耿定理来认识其兄耿定向。到云南姚安赴任太守前，李贽还去湖北黄安的耿家，本想“弃官”，与耿定理一起学道，“同登斯岸”，可被耿定理劝住，这才“万里赴滇南”做官去了。但李贽跟耿定理约定，做官的任期一结束，就到黄安来。为了表决心，李贽还把自己的女儿女婿留下来，由耿定理教诲，而耿定理向也把李贽的女儿女婿视同己出。李贽言行信果，做官任期一满，就到了黄安来了。然而，耿定理隔几年就归天了，他只活了

与耿定向争论

51岁（李贽其时58岁），这样，耿定理与其兄耿定向的思想冲突就转化为李贽与耿定向的思想冲突，“李耿之争”遂起。

这场争论，起于耿定理去世的万历十二年，终于耿定向去世的万历二十四年，前后12年。而这场争论的余波，则到李贽的自刎而止。

定向、定理虽是同胞兄弟，但追求不同，定理只读书，不留心仕途，很是散淡；定向则相反，后来衣锦荣华，做了大官。定理关心的是“未发之中”，定向着意的是“人伦之至”。兄弟俩曾围绕这个焦点有过争论。

从思想源流上看，耿定向也是王阳明的弟子，但他恪守的正是“阳明学”中最保守的东西——将儒家的“事亲从兄”的道德视为人心之本，乃天下一切真学问——万变不离其宗的“人伦之至”的核心，耿定理也倾心于阳明学，但他强调“未发之中”，从心出发，直究源头。“子庸（定理）曾问天台（定向）云：‘《学》（《大学》）、《庸》（《中庸》）、《语》（《论语》）、《孟》（《孟子》）虽同是论学之书，未审何语最切？’天台云：‘圣人人伦之至一语最切。’子庸谓：‘终不如未发之中一言也。’”（黄宗羲《明儒学案·处士耿楚倥先生定理》）

这里，说说何谓“未发之中”和“人伦之至”，它们的区别何至于造成耿氏兄弟的纠结。

“人伦之至”就是儒家的“事亲从兄”，以后慢慢演化为“三纲五常”：“三纲”就是“夫为妻纲，父为子纲，君为臣纲”；“五常”就是“仁义礼智信”。朱熹将之视为“天理”，王阳明将之视为“良知”，虽然朱熹从客体切入，王阳明从主体切入，却是殊途同归。耿定向就株守这一套，他的人生道路就是读书求做官，在科场上和官场上都一帆风顺，而且赢得大儒的美誉。“未发之中”呢？也从儒家来，耿定理说：“学有原本，尧舜相传只是‘一中’，子思为之注曰：‘喜怒哀乐未发为之中’。今人孰（谁）从未发前觑一目哉？”（黄宗羲《明儒学案·处士耿楚倥先生定理》）“喜怒哀乐未发为之中”，指的是情感尚未启动时之原生状态，这才叫作“中”，耿定理认为：子思这个注解精彩中肯，只可惜后儒从来没有“觑一目”而关注过，我（耿定理）要把它勾玄提要，阐发出来。论者或指出，耿定理的见解与佛学中的十二因缘理论有联系（耿定理也学佛），“未发之中”与佛学追溯父母未生前的胎儿心态相一致。胎儿的心是自然的纯净心，无善无恶，无声无臭，它可能从善，遂走向“人伦之至”；它也可能从恶，遂走向“人伦之至”的反面；它还可能无善无恶，任性而行。定理的思考要比定向的思考深邃多了。耿定理只研究学问，不在乎功名，在行为上，也离“人伦之至”远甚。

初识耿定理，李贽就被其“未发之中”说震撼，认定耿定理是“胜己之友”，以后追随耿定理，直到他去世。耿定理的“未发之中”说，对李贽思想的影响为三：其一，习佛。李贽到云南后，就“阅贝经”，佛学造诣更精湛；其二，揭示“人心本私”——利己是本能——这比耿定理更进了一层，甚至剑指王阳明的“良知”概念；其三，提倡“童心说”，对中国文学的发展，有振聋发聩之功。

定理一死，耿定向就把一肚皮的牢骚呵到李贽身上，向李贽发泄（如果矛头对准其弟耿定理，自然就违背了“人伦之至”）。在定向看来，李贽教唆他弟弟定理，不走正道（平心而论，李贽更受耿定理的影响）。耿定向先劝李贽放弃佛学的研修，并挑起事端。李贽则以“吾虽敬公，但不必似公”作出回应，“李耿之争”大幕就此拉开。

李贽在耿家的身份是“家教”，教耿家子弟读书，“东家”老板耿定向不高兴了，只有卷铺盖走人。万历十三年秋，李贽写《与耿司寇告别》一文，并遣归妻女回福建，自己也离开黄安到麻城，又剃发留须（见第一章《李贽的生平》）。万历十八年，《焚书》出版。初刻《焚书》一册两卷，第一卷收入从万历十二年自耿定理死后到万历十七年底，李贽与耿定向等人的信函来往共二十四篇，第二卷为《老苦》。第一卷收入的来往信函中彼此尚多攻击内容。耿定向名震东南，又官运亨通，如今被李贽撕去了“浩然巾”，焉得不怒从心头起！李贽将此书取名《焚书》，言其“当焚而弃之也”（李贽《焚书·答焦漪园（竑）》），然却不焚不弃还公诸于世，学界为之一惊（李贽后来对出版《焚书》，颇内疚，最后出于私谊终与耿定向讲和，见第一章《李贽的生平》）。

翻检《焚书》，“李耿之争”突出表现在两点：一是入世与出世之争；一是“人性本私”和“人性为公”之争。争论成就了李贽，也成就了李贽的思想，“流寓客子”的李贽于是便爆得大名。李贽自称：“一棒打杀卓吾老，（使我）立成万古之名。”当然，论战中关于入世与出世之争也把业已出世的李贽拉回到现实来，袁中道说：“公素不爱著书，初与耿公辩论之语，多为掌记者所录，遂集为《焚书》；后以时义诠圣贤深旨，为《说书》；最后，理其先诠次之史，焦公（竑）等刻于南京，是为《藏书》。”

袁中道又说：李贽“本绝意仕进之人，而专谈用世之略，谓天下事决非好名小儒之所能为”（袁中道《李温陵传》）。从“素不爱著书”到出《焚书》、《说书》、《藏书》，从“绝意仕进之人”，到“专谈用世之略”，筋斗翻过去复过来，弄得袁中道“真有不可知者”（袁中道《李温陵传》），也弄得李贽自己也以76岁垂死之身被逮入狱，“这番断送老头皮”，实在扑朔迷离。其实，变化就是“李耿之争”带来的。李贽经耿定向的狙击从出世又入世，再加上他自幼的“自创性性格”的复苏，遂演化为一个不同的李贽。

泉州李贽故居

争论结晶之一：人性本私

“喜怒哀乐未发为之中”，再引入佛教之说，具体化为父母未生前的胎儿之心，胎儿之心“无善无恶”，可李贽却提出了个“人性本私”的命题，这个转换是怎么完成的？

李贽习佛，佛教中的《维摩诘经》称要“饶益众生”，而“饶益众生”就须“明了众生心之所趣”——知道众生想要什么。说实在的，胎儿之心“无善无恶”，测不出来，那么，“明了众生心之所趣”，不就是“人性”吗？李贽观察了社会，“天下熙熙，皆为利来；天下攘攘，皆为利往”（司马迁《史记·货殖列传》），这求“富贵利达”，不是“天生之势”吗？连孔子不亦明言：“富与贵，是人之所欲也……贫与贱，是人之所恶也”（《论语·里仁》），“富而可求也，虽执鞭之士，吾亦为之”（《论语·述而》）吗？“是故寒能折胶，而不能折朝市之人；热能伏金，而不能伏竞奔之子，何也？富贵利达所以厚吾天生之五官，其势然也。是故圣人顺之，顺之则安之矣。是故贪财者与之以禄，趋势者与之以爵，强有力者与之以权，能者称事而官，软者挟持而使，有德者隆之以虚位，但服其瞻，高材者委以重任，不问出入”（李贽《焚书·答耿中丞》）。菩萨要“饶益众生”，要给众生带来丰饶的利益，众生要什么利益？不就是“好货”、“好色”！“好货”、“好色”是自然欲望，禁不了也压不住。而且，阅尽世事，李贽认为：“自朝至暮，自有知识以至今日，均之耕田而求食，买地而求种，架屋而求安，读书而求科举，居高而求尊显，博求风水以求福荫子孙，种种日用，皆为自己身家考虑，无一厘为人谋者”（李贽《焚书·答耿司寇》）。“如服田者，私有秋之获而后治田必力；居家者，私有仓之获而后治家必力；为学者，私有进取之获而后举业之治必力”（李贽《藏书》）。这样，李贽就推出结论：“夫私者，人之心也，人必有私而后其心乃现，若无私则无心”（李贽《藏书》·德业儒臣后论）。人心本私，所以，孔子、释迦牟尼、老子就以人之私欲为出发点创立了三教：“孔子知人之好名也，故以名教诱之；大雄氏（释迦牟尼）知人之怕死也，故以死惧之；老氏（聃）知人之贪生也，故以长生引之”（李贽《焚书·答耿司寇》）。李贽公开宣称自己的学问：“我以自私自利之心，为自私自利之学，直取自己快当，不顾他人非刺”（李贽《焚书·寄答留都》）。

“好货”、“好色”，属唯物主义范畴吧！而“人性本私”云云，在《神圣家族》一书中，马克思、恩格斯则指出了“关于享乐的合理性等等的唯物主义学说，同共产主义和社会主义有着必然的联系”。为了说明这两者的联系，马克思、恩格斯引用了爱尔维修的“人并不邪恶，但却是总服从自己的利益”；引用了霍尔巴赫的“人在他所爱的对象中，只爱他自己。人对于和自己同类的其他存在物的依恋，只是基于对自己的爱”，“人在他自己一生中一刻也不能脱离自己，因此他不能不顾自己”，“人为了自身利益才去爱别人，因为别人是他自身幸福所必需的”，“人若是完全抛开自己，那么，依恋别人的一切动力都化为乌有”；引用了边沁的“社会利益只是一种抽象，它不过是个人利益的总和……个人利益是唯一现实的利益”等等。

李贽的认知，绝对不是胡言乱语。

东海西海，心理攸同，李贽与爱尔维修、霍尔巴赫、边沁等人，堪称“心有灵犀一点通”呢！即从儒家说，儒者鼓吹“爱人”（孔子），“民胞物与”（张载），这“爱人”、“民胞物与”的主语不就是“我”吗？有“我”才谈得上“爱人”、“民胞物与”呀！

滤去佛教，从中国思想史的源流看，李贽显然也从先秦的荀子、韩非子中汲取了营养。

荀子虽属儒门，但与那位“亚圣”孟子颇不同，主“性恶”而反“性善”。什么是“性”？荀子道：“生之所以然谓之性”（《荀子·性恶》）。“不事而自然谓之性”（《荀子·正名》），那么，“性”之内涵呢？“饥而欲食，寒而欲暖，劳而欲息，好利而恶害”（《荀子·荣辱》）而已。这是自然本能，怎么成了“恶”？因为资源有限而欲望无边，便产生争斗。残贼、淫乱，不就是“恶”？所以，荀子说：“人之性恶，其善者伪也”（《荀子·性恶》），是圣人制礼义而使之“化性起伪，明分使群”的，“善”等于“伪”，遂有“伪善”一词（古之“伪善”是联合词组，“伪”与“善”同义。今人说“伪善”已演化为偏正词组了，以“伪善”来区别“真善”）。“善”系后天的人为，非天性，“伪”字就写作“人为”么！韩非师事荀子，亦公开宣扬人就是自私的趋利者。韩非举了一个例子：开棺材店的巴不得多死人，造车子的又希冀顾客发大财，前者不能说“贼”，后者不能称“仁”，他们都以赚钱为目的，没啥区别（《韩非子·备内》）。韩非又举了一个例子：“鳝似蛇，蚕似蠋，人见蛇则惊骇，见蠋则毛起。而妇人拾蚕，渔者持鳝，利之所在，皆忘其所恶，皆为贲诸（勇士）”（《韩非子·内储说上》）。韩非子是法家，法家标榜的就是“功利”两字。

李贽很欣赏韩非，他在《老子解序》中写到：“予性刚使气，患在坚强不能自克也，喜读韩非之书。”

“人性本私”说，以“人欲”去颠覆“天理”，程朱理学危矣！即或李贽是“心学”一派，由于王阳明主张从一念发动处去克“私欲”，致“良知”，追求“万物一体为仁”，也被李贽剑指刀劈，几成“画饼之谈，观场之见”（李贽《藏书》），纯属一片空论。

上面说道，李贽是以“百姓日用迩言”来悟觉人性的，他遂以“百姓日用迩言”为“真”，凡夫俗子，心中有什么就说什么，不必装佯作秀，粉饰打扮，“身履是事，口便说是事，做生意者但说生意，力田作者单说力田，凿凿有味，真有德者之言，令人听之而不厌倦矣”（李贽《焚书·答耿司寇》），不似那些假道学口是心非，言行不一，处处作伪。人性本私，耿定向是人，也谋私利，“公之行事，殊无异于人者。人尽如此，我亦如此，公亦如此，种种日用，皆为自己身家考虑，无一厘为人谋者”（李贽《焚书·答耿司寇》）。譬如在杀何心隐事件上，耿定向就表演得很充分，是“媚张相（居正）之为非人也”（李贽《何心隐论》）。如此自私，但一旦开口谈学，“便说尔为自己，我为他人”“尔为自私，我欲利他；我怜东家之饥矣，又悲西家之寒难可忍……”（李贽《续焚书·与焦弱侯太史（竑）》），虚伪透顶。何心隐是李贽的同门，他是以“思想犯”的罪名被杀的，死在万历七年。何心隐事件让李贽看穿了耿定向，并由耿定向之伪发现了一切唱道德高调的都是伪君子，乃至连圣人都是骗子，“不知何者为误害人乎？则自古圣人皆误害人之王矣”（李贽《续焚书·与焦弱侯太史（竑）》）。伪君子们，“阳为道学，阴为富贵，被服儒雅，行若狗彘也”（李贽《初潭集·师友》），“展转反覆，以欺世获利，名为山人而心同商贾，口谈道德而志在穿窬”（李贽《焚书·又与焦弱侯》），总之，“知儒者终无透彻之日，鄙儒无识，俗儒无实，迂儒未死而臭，名儒死节殉名者乎……”（李贽《续焚书·与焦漪园太史（竑）》）。儒者，本一伙“黑漆漆之人”。

既然“人性本私”，那道德还要不要？李贽认为，道德要，但须从人性来，先须研究人性，然后“圣人顺之，顺之则安之矣”（李贽《焚书·答耿中丞》）。不然，道德抽掉了人性内核就一定会空壳化，所有说教就凌空蹈虚，成了口是心非的“假人假言”。

以“假人假言”去骗人，李贽分析有三个层次：第一，不存在的东西，偏要人去相信。像王阳明、王畿（龙溪）说人之初，一团肉，心本“无善无恶”，有人却去侈谈“迁善去恶”，无善怎么“迁”，无恶怎么“去”？“乃知平生聚友讲学之举，迁善去恶之训，亦太欺人矣。欺人即自欺，更何说乎？夫彼专谈无善无恶之学，我则以无善无恶待之，若于彼前而又谈迁善去恶事，则我为无眼人（瞎子）矣”（李贽《焚书·复周柳堂》）。第二，自己做不到，偏要人去做到。像口口声声要求别人“舍己从人”者，自己不能“舍己从人”，这不扯蛋么？第三，道学家们“口谈道德，心存高官，志在巨富”，高官巨富得手，“仍讲道德，说仁义自若矣，又从而哓哓然语人曰：‘我欲易俗而风世’”（李贽《焚书·又与焦弱侯》）。假道学之名，谋富贵为实，“夫唯无才无学，若不以讲圣人道学之名要之，则终身贫且贱，耻矣。此所以讲道学以为取富贵之资也”（李贽《初潭集·三教归儒说》）。这种阴阳人，自然亦是骗子呢！儒者多伪，“讲道学以为取富贵之资”，是制度造成的，社会造成的。

李贽以“人性”为武器，剖析“假人假言”之表现堪称剔肤见骨。马克思尝谓：“理论只有彻底，才能征服人，所谓理论彻底，就是紧紧抓住人本身”（马克思《“黑格尔法哲学批判”导言》）。李贽的目光敏锐、犀利、深刻，不庶几乎？

李贽以“百姓日用迩言”为真，从而揭示了人性中之最本质的东西。熟悉“阳明学”者会发现，这与“阳明学”中的泰州学派的王艮的观点何其相似乃尔（泰州学派系“阳明学”之一翼，创始者阳明弟子泰州人王艮。《明史·王畿传》说：“阳明学派，以龙溪（王畿）、心斋（王艮）为得其宗。”又顾炎武《日知录》卷十八《朱子晚年定论》亦说：“王门高弟，为泰州（王艮）、龙溪（王畿）。泰州之学，一传为颜山农（钧），再传为罗近溪（汝芳）、赵大洲（贞吉）；龙溪之学，一传为何心隐、梁汝元，再传为李贽、陶望龄。”）。王艮就倡“百姓日用即为道”，在第一章《李贽的生平》中，曾记载着，李贽在刑部时，就参与过王畿、罗汝芳以及王艮之子王东崖的讲学活动，李贽也把王艮称为“最英灵”、“真英雄”。李贽对王艮有传承，尝有言：“穿衣吃饭，即是人伦物理，除却穿衣吃饭，无（人）伦物（理）矣”（李贽《焚书·答邓石阳》）。这话，活脱脱的是王艮说的李贽版也。

争论结晶之二：童心说

李耿之争的第二个结晶就是李贽“童心说”的提出。

李贽强调自然心性，必然追求“真”——生命的真，心灵的真，情感的真，事真，文真，道真。何谓“真”？“真者，受之于天，自然不可易也”（《庄子·渔父》），“真”与“天”（自然）相关，故有词曰“天真”。

早年李贽在南京刑部任职时，就称道宇宙间的五部大文章：汉有司马迁的《史记》，唐有《杜甫集》，宋有

《苏轼集》，元有施耐庵的《水浒》，本朝则有《李献吉集》（周晖《金陵琐事》）。随着李贽的求学研道，人生阅历越丰富，思考程度越深刻，在李耿之争期间，大约万历二十年前后，他提出了“童心说”，这是其以“心学”锲入“文学”，在其文学思想发展历程中的一次飞跃。

《童心说》的写作约在李贽批点《西厢记》时，因为《童心说》开篇就说：“龙洞山农叙（西厢）末语：‘知者勿谓我尚有童心也’”，这启发了李贽，遂构思《童心说》。对此，论者有详尽的考证，可参看许建平先生的《李贽思想演变史》。

李贽“童心说”的提出源于他对儒道释三教的体认。以儒家言，是“喜怒哀乐未发为之中”吧（《中庸》子思注）；以道家言，是“常德不离，复归于婴孩”（《老子·第二十八章》）；以佛家言，是“父母未生之前然”（李贽《焚书·观音问·答明因》）。李贽很明确地指示：“‘囨的一声’，道家教人参学之话头也；‘未生之前’，释家教人参学之话头也；‘未发之中’，吾儒家教人参学之话头也”（李贽《续焚书·答马历山》）。三家参学都指向“童”，但对“童”

李贽故居雕像

字的内涵自有些区别：佛最早，“未生之前”，指的是胎儿；道次之，“囫的一声”，指的是胎儿降生一刹那；儒最晚，“未发之中”，指的是胎儿出世后未穿衣服的“赤子”态。李贽所取，是佛家的“父母未生之前然”胎儿的“童”。

“父母未生之前”的童子心应是无染的“净”和未塞的“空”，但李贽又质疑之：“既说父母未生前，则我身尚无有，我身既无有，则我心亦无有，我心尚无有，如何又说有佛？苟有佛，便有魔（佛魔一体。笔者注。），即有生有死矣，又安得谓之‘父母未生之前’乎？”（李贽《焚书·观音问》）的确很矛盾。怎么办呢？于是，李贽引进了道家“真”的概念，前面说过，“真者，受之于天，自然不可易也”，真就是自然之性，“人法地，地法天，天法道，道法自然”（《老子·第二十五章》），纯属本能。“真”原来不与“净”和“空”相等——真会有“假”，自然不“净”；真假出现，自然不“空”。但经李贽移花接木，“真”是先天的自然，“伪”是后来的人为，“若谓容得一毫人力，便是塞了一分真空；塞了一分真空，便是染了一点尘垢”（李贽《焚书·答邓石阳》），“真心”就成了未塞人力的“空心”，“真心”就成了未染尘垢的“净心”了！故李贽就将“童心”释作“真心”。“童心者，真心也。若以童心为不可，是以真心为不可。夫童心者，绝假纯真，最初一念之本心也。失却童心，便失却真心；失却真心，便失却真人。人而非真，全不复有初矣”（李贽《焚书·观音问·答自信》）。李贽打通佛道两家，把“真”与“净”、“空”概念等同起来，提出了独创的“童心说”。

或指出：每当李贽思考如何通过个人修持以达到解脱生死轮回的涅槃境界的道心时，他所理解的人的最初状态，总是与“空”联系在一起的。而每当思考世俗生活的人生问题时，他所说的“空”又总是与“用”相联系的，即“空不用空”。啥叫“空不用空”呢？李贽说过一个比喻，山河大地是“清净本原”，但不是“空”。为了“空”，以“山河大地为障碍而去之”，则“清净本源”就成了“虚空无用之物”、“不能生化之物”，“非万物之母矣，可值半文钱乎？”（李贽《焚书·观音问·答自信》）李贽反对以空谈空（许建平《李贽思想演变史》）。李贽是出世又入世的。

“童心”即“真心”，“真心”乃自然之性，善耶恶耶？儒家的回答是“善”，佛家的回答是“佛”——佛是普救天下，饶盖众生的“大善”，道家似乎不表态。李贽从“百姓日用迩言”中体察到“人性本私”，那么，追溯上去，这“童心”、“真心”、“自然之性”的“最初一念”不也是“私”么？童心照样也饥欲食、渴欲饮、困欲息呀！谁敢说童心“无私”乎？

“私”就是“恶”，这样，“真”也成了“恶”。童心成恶，人的“最初一念”成恶，这实在不好接受，不啻是五雷轰顶，妖言惑众，但且慢惊讶，先秦的荀子就有“化性起伪”，善从恶出的观点。佛教中也有“真如”（佛性）随“无明”而生的看法。“无明”者，浑沌而不通透。佛教戒“痴”，痴就是对“无常见”、“无我性”的不理解而痴迷于“常见”和“我见”的表现。特别是“我执”，不就是私心吗？佛教欲以“真如”克“无明”，可孰为先呢？释迦牟尼一生下来就悟“真如”么？他不也是后来经过苦修才成佛的么？

在对人性的认知上，东西方差异极大，以儒佛道为代表的东方思想，戒备和防范人欲，认为欲望是罪恶的渊薮，用尽种种方法控制、弱化甚至斩断人的欲望，拼命宣扬节欲主义和禁欲主义。而西方的人本主义哲学则相反，他们指人的欲望（经济上的贪婪欲和政治上的权势欲）才是推动历史发展的杠杆，任何制度的创立和嬗变都须满足人的欲望，改良也罢，革命也罢，都是让人活而不是让人死。实践证明，后者的认知更加贴近现实。李贽的“童心说”虽然跟儒道佛思想有因缘，但他延续了陆九渊的“《六经》皆为我注脚”的门风，开拓出一块新天地，入于内而出于外，理论也较以往的思想家更加明确和系统，从而具有颠覆东方思想的革命意义和近代意义，是“由禁欲主义走向非禁欲主义”一个“重要的、带标志性、典范性心学理论文本”（许建平《李贽思想演变史》）。

一个吊诡的现象产生了：“童心”是“真心”是“自然本性”是“人欲”，李贽倡“童心”，那么，如果身体力行、心口如一的话，李贽应当是个纵情恣欲的中国式的“唐璜”。可实际呢？李贽却“吾身之所履，则不贪财也，不好色也，不居权势也，不患得失也，不遗居积于后人也，不求风水以图福荫也”（李贽《焚书·签邓明府（石阳）》）。的确，李贽“三弃”——有官弃官，有家弃家，有发弃发，放着大好前程不要，成了“秃翁”。袁中道与李贽交善，对这位好朋友极称夸，但当有人问：“公（指袁中道）之于温陵（李贽）也学之否？”袁中道答：“虽好之，不学之也。其人（李贽）不能学者有五，不愿学者有三。公（李贽）为士居官，清节凛凛，吾辈随来辄受，操（守）同中人，一不能学也。公不入季女（少女）之室，不登冶童（男宠）之床，而吾辈不断情欲，未绝嬖宠，二不能学也。公深入至道，见其大者，而吾辈株守文字，不得玄旨，三不能学也。公自幼至老，唯知读书，而吾辈汩没尘缘，不亲韦编，四不能学也。公直气劲节，不为人屈，而吾辈胆力怯弱，随人俯仰，五不能学也。若好刚使气，快意恩仇，意所不可，动笔之书，不愿学者一矣。既已离仕而隐，即宜遁迹入山，而乃徘徊人世，祸逐名起，不愿学者二矣。急乘缓戒，细行不修，任情适口，鸾刀狼藉，不愿学者三矣。夫其所不能学者，将终身不能学；而其所不愿学者，断断乎其不学之矣。故曰虽好之，不学之也。”（袁中道《李温陵传》）概言之，李贽就是李贽，独一个，不可复制。分析袁中道的不能学者和不愿学者，“为士居官，清节凛凛”，是不“好货”；“不入季女之室，不登冶童之床”，是不“好色”。“好货”、“好色”皆是人欲，可李贽不沾。这一点，李贽自己作过解释。他认为，所谓“心”也者，有“人心”和“道心”之别：有的人学问大，有的人学问小；有的人见识高，有的人见识低；只见到“形骸之内”是“人心”，跳出“形骸”的是“道心”，燕雀安知鸿鹄之志哉！众生是好利（好货、好色），贤者是好名，而李贽自己所追求的是成为一个跳出形骸的“达者”，“吁，大地众生推见其小而欲速，故其所食饮者尽若此止矣，而达者其谁乎”（李贽《焚书·答刘方伯书》），“达者”见不到，我要去努力地做。像儒家一样，李贽亦把人分析了。儒家分析人，为君子为小人。“小人喻于利，君子喻于义”（《论语·里仁》），当然，“喻于利”的小人是“恶”，“喻于义”的君子是“善”。李贽分析人却认为，有“人心”的是“真”，有“道心”的是“超真”，层次不同，无所谓“善恶”。虽把人分析了，但李贽与儒家的价值判断实相径庭，各行其是。

由此可见，“童心说”最重要的意义是启蒙众生，是“形骸之内”的学问，肯定“人欲”。“百姓日用迩言”，不应该受轻视、鄙视和蔑视，反倒应该被正视、重视和大视，借用一句现代政治话语来诠释之，就是毛泽东所说的“群众是真正的英雄”，这就开启了中国思想史上近代革命性的闸门。至于李贽追求“达者”或“形骸之外”的“道心”，倒“未超出佛老的范围，并无什么建树和创造”（许建平《李贽思想演变史》）。

李贽有没有“恣意”的行为？万历十六年，李耿之争中，耿定向攻击李贽“狎妓”：“将优旦调弄”鲁桥公，

“强其弟狎妓”，率众僧人入一嫠（寡）妇之室乞斋（李贽《焚书·答周柳堂》）。李贽的回答是：“独身在楚，时时出游，恣意所适。然后饱闷自消，不须山楂导化之剂，不用参蓍抚元之药。未及半载，而故称复矣。”李贽的“恣意”是为解除“独身”的孤独和病患。他否认自己“狎妓”，不过是“从众携手听歌”；“强其弟狎妓”，李贽说有此事，“既在外，不得不用舍弟辈相随，弟以我故随我，我得所（依）托。弟辈何故弃妻孥从我于数千里之外乎？心实怜之，故自体念之耳”，长期的夫妻分居，要解决弟弟的性要求；而“率众僧人入一嫠妇之室乞斋”，这指责哪知实情？李贽遣归老婆后，这位寡妇就时时送茶馈果，还为李贽补衣，以致流言四起，李贽就命“叱去不受供奉”。后知此妇誓不再嫁，才率众僧访之，访时，寡妇的干儿子在场，绝无不端行为（李贽《焚书·答周柳堂》）。“强其弟狎妓”，走访寡妇，这是李贽发乎真情的悲悯心。入酒楼、进茶肆，“从众携手听歌”，以排寂寞、疗病痛，也算不了什么。退一步说，即或李贽与妓有染，也出于“好货”、“好色”的自然心、清净心——“童心”，可是，李贽没有，他到底是跳出形骸之内守着“道心”的“达者”！

“童心说”除了它的反禁欲主张之外，还在于它的反理性色彩。

“童心”是“真”，空而无染，是人的自然本性，它的本质是非理性的。那么使“童心”遽然丢失的原因是什么呢？就是“闻见道理”——“闻”指听到，“见”指看到，从听到和看到的东西中抽象出来即所谓“道理”。而在儒学弥漫的氛围中，“闻见道理”的载体就是“《六经》、《语》、《孟》”。《六经》、《语》、《孟》是儒学理性的概括，又诱导人趋于理性。李贽认为《六经》、《语》、《孟》，是“假”，他要以“真”反“假”，就是用“非理性”去反“理性”。

儒家的“闻见道理”的载体《六经》、《语》、《孟》，被李贽骂为“道学之口实，假人之渊薮”，可以理解。儒家主“性善”（“性善”说是孟子提出来的，“性相近，习相远”乃孔子所言，未对“性”下属性，但孔子在《论语》大谈“仁”，有人作过统计，共六十六处，“仁者，爱人”则又为孟子的“性善”说作了张本），李贽谈“性恶”，路头一异，自然南辕北辙，说不到一块去。但“闻见道理”岂止《六经》、《语》、《孟》？别的书呢？别的书也有“闻见道理”，诸子百家，儒佛道三教，不都是“闻见道理”吗？而诸子百家，儒佛道三教又经常各吹各打，以天下之美尽在己，彼此掐架。因为“道理闻见，皆多读书识义理而来”（李贽《焚书·童心说》），从而一概拒绝，最好的办法就是采纳老子的“绝学无忧”（《老子·第二十章》），“为学日益，为道日损，损之又损，以至于无为”（《老子·第四十八章》），难得糊涂（“糊涂”是“混沌”一词的音变，即佛家说的“无明”，道家说的“自然”）。可这也难，人不可能永远是童子，他要长大，必然要读书、要实践，读书实践岂能不吸纳“闻见道理”，这不毁了童心么？除非不长大，不读书、不实践，成个精神侏儒。李贽也读书，他读儒、读佛、读老、读经史子集……“公自少至老，唯知读书”（袁中道《李温陵传》），李贽也实践，76年生涯，经风雨，见世面，阅历多多……没有“闻见道理”侵入进来么？李贽大概意识到这一点，故在上引的“道理闻见，皆多读书识义理而来”的说法后，笔锋一转，道：“古之圣人何尝不读书哉！纵然不读书，童心固自在也；纵然读书，亦以护此童心而勿失焉耳，非若（其他）学者反以多读书识义理而障之也。”（李贽《焚书·童心说》）——不读书，“闻见道理”不来污染，真璞一块，童心自在；读书，抗得住“闻见道理”，近朱不赤，近墨不黑，童心勿失，如我李贽。但这样的人毕竟太少太少，寥如晨星，故李贽感叹：“呜乎，吾又安得真正大圣人童心未失而与之一言文哉”（李贽《焚书·童心说》。）我李贽真是“独此一家，别无分店”呢！话又说回来，李贽能开独家店，不亦含有佛家的“父母未生之前然”、道家的“常德不离，复归于婴孩”和儒家的“喜怒哀乐未发为之中”的“闻见道理”吗？将“闻见道理”与“童心”对立，以“童子者，人之初；童心者，心之初”，“苟童心常存，则道理不行，闻见不立”（李贽《焚书·童心说》），为什么李贽读书不失“童心”，他人读书不保“童心”，李贽未将道理说清，以至很多人在读了他的《童心说》后，倍感新鲜有道理却又未明其妙谛，惊愕之余却又一头雾水。

再者，童心亦“私”，利己是自然的本能，这个揭示，的确深刻。“人不为己，天诛地灭”——饥而不食，渴而不饮，困而不息，是“我”死；不叫春求偶，男欢女恋，是“种”灭。但“人只为己”，不亦“天诛地灭”吗？人是社会化的动物，社会由一个个的个体组成，个体利益焉能无视，但个体亦不能离开社会而生存，他者利益也要考虑。一个人搞饭吃，可以（像鲁滨逊），一个人要生娃娃，怎么行（除非是“克隆”）？利己是基础，利己方能利他，利他是利己的放大和延伸。杀鸡取蛋，吃光就完；养鸡生蛋，是可持续发展。为了利己，遂须利他。人的认识上，利己为“私”为“恶”，利他为“公”为“善”，先恶后善，“化性起伪”，先秦的荀子就持这个观点。西哲亚当·斯密先写《原富》（即《国富论》），再撰《道德情操论》亦如出一辙。人类社会的历史，说穿了，就是个从禽兽走向上帝的过程，从野蛮走向文明的过程，从自然走向自由的过程。自由的起点是理性，它源于自然而高于自然。自由不是率性而为的自然，而是对自然的提升。李贽只鼓吹自然却不强调自由，他可以去攻击“伪”理性而不该摒弃“真”理性，这使得他的思想尚不完善，未臻更高的高度。举个例，自然唯“真”——真心真情真话真文，可社会生活中，“善意”的谎话不亦不少么？西方哲学中讨论过这个问题：一歹徒追杀一好人，正巧追到岔路上，好人从左路逃了，歹徒问站在岔路口的老者，老者却手指右路，歹徒遂继续追去，好人逃逸。老者说的是谎言，做的却是善事。据此，有人总结，对坏人不妨说假话，对好人则不可说假话。恐怕也未必，譬如挚友病重，不久于人世，你去探视，也绝不会把实情相告，肯定说的都是些动听的好话以作劝慰，动听的好话往往是假话。有人总结处世经验，是“假话全不讲，真话不全讲”（季羡林先生语），“假话全不讲”，可谓之“真”；“真话不全讲”呢？藏掖起来的“真话”，真呢假呢？

自然与自由颇有区别：自然是天，自由是人；自然是孩童的任性，自由是成人的“从心所欲，不逾矩”；自然是一偏正词组，自由是一主谓词组；如果硬要把自然和自由拉在一起，那么，自然是低层次的自由，自由是高层次的自然。前面说到，自由的起点是理性，社会生活需要有理性，李贽反理性，因而当时就有人指责他是“狂禅”，是“就地打滚”（这种指责也须分析，此中有合理的成分，也有攻击性的因素）。

话分两边说，社会生活需要理性（李贽对自己的“弃家”、“弃发”行为后来有过某种程度的反思，就是证明），但在文学领域，李贽的以童心为灵魂，强调“为己”的真情，排斥“闻见道理”为特征的文学思想却发出耀眼的光芒，或誉之为“革命性”的爆发（许建平《李贽思想演变史》）。

文学有其特殊性。文学是人学，当然，政治学也是人学，是人学就要研究人性。都在研究人性，乃文学与政治学之同。其异呢？政治学研究人性是要规范人性，文学研究人性是要描写人性——这就犹如大水淹了原野，政治学要干的就是或堵或疏将水引导到沟渠中去；文学则把这汤汤大水管你入沟渠不入沟渠作全景式的写真。政治学是“化性起伪”、导恶入善；文学则是是非非、善善恶恶，兼容并包。唯政治学与文学的区隔（异），导致了李贽反理性的“童心说”思想，“失之东隅，收之桑榆”。（政治学和文学的区隔，故西方的“理想国”中要把文学家赶出去；曾有国民党的大佬吴稚晖公开叫嚷：“文学不死，大乱不止”；鲁迅也作过《文学与政治的歧途》的演讲。）

李贽的文学思想成熟有个过程：起初，李贽只把文学看成是一种“末事”，即古人所谓的“雕虫小技”也，不屑一顾，他还劝焦竑不必在此用心，自己写诗为文，不外应酬、消遣、泄闷释愁而已。万历十七年后，李贽接触的文学作品越来越多，尤其喜欢苏东坡。李贽读苏东坡，体会到苏东坡人是“亢龙”（高飞的龙），故文章亦“自然惊天动地”（李贽《焚书·复焦弱侯》）——人与文是一致的。再之后，李贽评点《西厢》、《水浒》等戏曲小说，“童心说”不就因“龙洞山农叙《西厢》末语：‘知者勿谓我尚有童心也’”之启迪而加以阐发的吗？

文学与“生死大学问”的道，在李贽的经历中，由“了无关碍”（李贽讽焦竑语）的两分到“谈诗就是谈佛”（李贽《焚书·观音问·答澹然大师》）的合一，因为李贽逐渐意识到文学就是人学就是心学，在心为志，发言为诗，此中林林总总，万象森罗，不可小觑。而其中至真至纯者，可由此直窥与“心”相通的“道”。“天下之至文未有不出于童心者”（李贽《焚书·童心说》），“至文”出“童心”，那“童心”就在“至文”之中呢！

李贽以“童心”为“心”，童心是“真”，是“为己”，至文出于童心，这就一反以往以善为本，建构在道德本体论基础上，强调文学的社会、教育功能的什么“风化”说、“止于礼义”说、“劝百讽一”说、“原道、征圣、宗经”说、“文以载道（儒家之道）”说等等文学理论。李贽的文学理论张扬了以自我为核心的个性，它以内在的、个性的、非理性的文学来叛逆外在的、群体的、理性的文学，天翻地覆慨而慷。这就使文学产生新变，接近西方近代个性主义文学理论。如果从更大的视角来作观察的话，这也使文学回归文学（参见前述的文学与政治的同异分析），真正的“诗言志”了。（“志”后来被理解为“理想”、“抱负”之类理性的东西。其实，志字从止从心，本义是挂于心，挂于心者，就有情感，如《诗经·小雅·隰桑》中的“中心藏之，何日忘之？”）

姑举一例。李贽喜读《水浒》，“极赞《西厢》、《金瓶梅》为天下奇书”（徐谦《桂宫梯》），但在当时的“正经”人物眼中实在看不惯。“斥之为凿淫窦，开杀机，如饮鸩酒然，酒味越甘，害人越深矣”（徐谦《桂宫梯》）。历史车轮滚滚到今天，文学史家莫不以《水浒》、《西厢》、《金瓶梅》为文学之精品也。

许建平先生把李贽和克罗齐作了比较：

克罗齐，西方著名美学家，他说："知识有两种形式：不是直觉的，就是逻辑的；不是从想象得来的，就是从理智得来的；不是关于个体的，就是关于共相的；不是关于诸个别事物的，就是关于它们中间关系的；总之，知识所产生的不是意象，就是概念"（克罗齐《美学原理·美学纲要》）。克罗齐把两种知识对立了，而李贽也把"童心"和"闻见道理"对立了；克罗齐认为艺术就是直觉，直觉就是表现——抒情的表现，而李贽也认为"至文"出于"童心"，是童心的直觉、童心的情感表现："且夫世之能文者，其初皆非有意为文也。其胸中有如许欲语而莫可告语之处，其喉间有如许而不敢吐之物，其口头又时时有许多而莫可告语之处，蓄极积久，势不能遏。一旦见景生情，触目兴叹；夺他人酒杯，浇自己之垒块；诉心中之不平，感数奇于千载。既已喷玉唾珠，昭回云汉，为章于天矣，遂亦自负，发狂大叫，流涕痛哭，不能自止，宁使见闻者切齿咬牙，欲杀欲割，而终不忍藏之名山，投之水火"（李贽《焚书·杂说》）。这一段话实亦可视为李贽的"夫子自道"，"秃翁"虽老，"童心"不弃，"每研墨伸楮，则解衣大叫，作兔起鹘落之状"，"于古之忠臣义士，侠儿刺客，存亡雅谊，生死交情，读其遗事，为之咋指斫案，投袂而起，泣泪横流，痛哭滂沱而不自禁"（袁中道《李温陵传》），著《藏书》不"藏"，写《焚书》不"焚"，刊刻发行，"使见闻者切齿咬牙，欲杀欲割"，最终难逃一劫——克罗齐和李贽的看法，何其相似乃尔！

在西方，克罗齐的“艺术是直觉的抒情表现”说很有地位，比尔兹利称“二十世纪的美学讨论可说是克罗齐这位无疑是我们时代最有影响的美学家开启的”（比尔兹利《美学：从古希腊到现代》）。吉尔伯特和库恩也称：“在十九世纪到二十世纪之交，和此后至少二十五年中，克罗齐关于艺术是抒情的直觉的理论，在美学界占统治地位”（转引蒋孔阳等主编《西方美学通史》）。在中国，李贽的文学是“童心”的直觉表现说，也具开创性质，故许建平先生曰：“（把李贽）称之为中国的克罗齐当也不为过”（许建平《李贽思想演变史》）。

这里须说明一点，李贽以“童心”排拒“闻见道理”，指的是与“童心”相左的“闻见道理”（如儒家的一套说教），至于与“童心”一致的“闻见道理”，李贽并不排拒。这样，李贽好读书，涉猎极广，只不过在读书中，独具只眼，取舍扬弃，善于甄别，“天幸生我心眼，开卷便见人，使见其人终始之概。夫读书论世，古多有之，或见皮面，或见体肤，或见血脉，或见筋骨。见筋骨者极矣。（很多人）纵自谓能洞五脏，其实尚未刺骨也。此余所谓得天幸者一也，天幸生我大胆，凡昔人之所忻艳以为贤者，余多以为假，多以为迂腐不才而不切于用，其所鄙者、弃者、唾且骂者，余皆以为可托国托家而托身也。其是非大戾（违背）昔人如此，非大胆而何？”（李贽《焚书·读书乐》）“天幸生我心眼”、“天幸生我大胆”，以此来读《史记》、《汉书》，李贽就扬“马”（司马迁）贬“班”

（固），理由是：班固乃一“文儒”，“只宜依司马氏例（体例）以成一代之史，不宜自立论也。立论则不免搀杂别项经史闻见，反成秽物矣……”（李贽《焚书·读史·贾谊》）。司马迁则不然，“使迁而不残陋、不疏略，不轻信，不是非谬于圣人，何足以为迁乎？……若必其是非合于圣人，则圣人既已有是非矣，尚何待于吾也？夫按圣人之是非，则其所言者，乃圣人之言也，非吾心之言也。言不出于吾心，词非由于不可遏，则无味矣……此迁之史所以为继麟经而作，后之作者终不追也”（李贽《焚书·读史·贾谊》）。班固的《汉书》所以成“秽物”，司马迁的《史记》所以“后之作者终不追也”，关键在于前者不能“自立论”，后者则“是非谬于圣人”（这是班固批评司马迁的话），前者“无我”、“求人”，后者“有我”、“为己”。司马迁《史记》中的“闻见道理”，李贽欣欣然接受。“是非谬于圣人”，这一“闻见道理”，李贽不是秉承司马迁的而将其益加发扬光大吗？

李贽的文学思想鼓吹“童心”（真心），作品内容要求“真”，作品表现也要求“真”，他主张“非技巧”——“若夫结构之密，偶对之切；依于理道，合乎法度；首尾相应，虚实相生，种种禅病皆所以语文，而不可以语于天下之至文。”“造化无工，虽有神圣，亦不能识知化工之所在，而其谁能得之？”（李贽《焚书·杂说》）他主张“创制体格无高下先后”论——“天下之至文，未有不出于童心焉者也。苟童心常存，则道理不行，闻见不立，无时不文，无人不文，无一样创制体格而非文者。诗何必古选，文何必先秦，降而为六朝，变而为近体，又变而为传奇，变而为院本、为杂剧，为《西厢记》，为《水浒传》，为今举子之业，皆古今至文，不可得而时势先后论也”（李贽《焚书·童心说》）。他主张“内容形式无分界”说：“以道与技为二，非也。造圣则圣，入神则神，技即道耳”（李贽《焚书·樊敏碑后》）。这些主张还是围绕一个“真”字展开的，真乃自然，自然即混沌，“七窍生而混沌死”（《庄子·应帝王》），“伪”能杀真。所以李贽自己的作品就写得直率坦诚，譬如《自赞》一文，剖析自己，可称剔肤见骨、淋漓尽致：

> 其性褊急，其色矜高，其词鄙俗，其心狂痴，其行率易，其交寡而面见亲热。其与人也，好求其过，而不悦其所长；其恶人也，既绝其人，又终身欲害其人。志在温饱，而自谓伯夷、叔齐；质本齐人，而自谓饱道饫德。分明一介不与，而以有莘藉口；分明毫毛不拔，而谓杨朱贼仁。动与物迕，口与心违。其人如此，乡人皆恶之矣。昔子贡问夫子曰：“乡人皆恶之何如？”子曰：“未可也。”若居士，其可乎哉！
>
> ——载《焚书》

应该说，李贽关于文学作品表现的上述主张，并不“句句是真理”。李贽读书，最强调“还我头来”，后人读李贽，也须“还我头来”，用李贽的话来说，就是“夫天生一人，自有一人之用”（李贽《焚书·答耿中丞》），我思故我在。譬如“非技巧”，技巧至上，内容苍白，当然不对。但文学作品浑无技巧，只能是“疯子呓语”（疯子的情感绝对“真”），谁还去读去看去听？李贽写诗，不也要押韵对偶，讲平仄粘对么？再譬如“内容形式无分界”说，内容形式交融一片，气象混沌，敢情好。但文学作品中，质（内容）胜文（形式）者有之，文胜质者亦有之，还是须分析。当然，“创制体格无高下先后”说，倒给了各类文学体制以平等观，经史子集，小说戏剧，无尊无卑，一视同仁，李贽于评点经史子集之外，亦评点小说戏剧，且为后者大声吆喝和推崇，“实为我国通俗文学最初的研究者和批评家”（游国恩等编《中国文学史》）。

李贽生活在晚明。晚明文学的一个重要特点是理论自觉。晚明时期，官方的统治思想与反官方的统治思想之间的冲突随社会本身的发展日趋激烈，因而新一套理论的表述也日显重要。李贽的“童心说”的提出，怎么看，都是一个标志性的事件。

思想革命了，理论更新了，创作也就顺风顺水地跟上了。李贽的“童心说”对晚明文学创作的推动，功不可没，兹举两例：

戏剧大家汤显祖（1550 ~ 1616），后来的学者指出，这是可以与莎士比亚齐名并肩的人物。汤显祖是江西临川人，小李贽 23 岁。汤显祖少负才名，但科举坎坷，33 岁方中进士，授太常寺博士，后因上疏得罪皇帝和宰辅被贬至浙江穷县遂昌当知县，五年后辞官回家，专事剧本创作，完成《紫钗记》、《牡丹亭》、《南柯记》、《邯郸记》，文学史上合称“临川四梦”或“玉茗堂四梦”。“四梦”的创作展现了汤显祖“至情”的追求。“至情”者，“情”之“至”也。

汤显祖亦属于阳明学中的泰州学派，且渗杂有佛道思想，其师从的就是李贽心仪的泰州学派的传人罗汝芳(近溪)。汤显祖自谓:“一生疏脱，然幼得于明德(罗汝芳)师”（汤显祖《答邹宾川》）。另外，汤显祖和李贽及与李贽齐名的同称为“二大教主”的达观和尚也极友善：“如明德先生者，时在吾心眼中矣。见以可上人（达观和尚）之雄，听李百泉（贽）之杰，寻其吐属，如获美剑”(汤显祖《答管东溟》）。罗汝芳、达观、李贽对汤显祖的思想和性格形成有极大的影响。

汤显祖

《牡丹亭》一剧是汤显祖“至情”论最精彩的戏剧演绎，杜丽娘慕色还魂，乃“至情”所致。一如汤显祖在该剧《题词》

中所写：“情不知所起？一往而深，生者可以死，死者可以生。生而不可与死，死而不可复生者，皆非情之至也。”情不知所起？生死可转换，世间之事，非理可以尽释，这不是与李贽的“童心说”相唱和吗？（“童心说”肯定自然情欲，排拒“闻见道理”）汤显祖正是借着这种贯穿于生死之间，如影随形的“至情”，运用戏剧这一让人喜闻乐见的载体，和李贽一起，呼唤着精神自由和个性解放。

青春版《牡丹亭》

“公安三袁”。晚明的诗文领域，以“公安派”声势最大，领军人物就是湖北公安人袁宗道、袁宏道、袁中道三兄弟，史称“公安三袁”。

三袁，老大袁宗道少李贽 33 岁，中间的袁宏道少李贽 41 年，小弟袁中道少李贽 43 岁。在第一章中，我们可以见到三袁和李贽的交情，此不赘。李贽也尤其欣赏袁宏道。

“公安三袁”中，以文学成就论，袁宏道名气最大。

袁宗道（1560 ~ 1600），字伯修，万历十四年会试第一，授翰林庶吉士，官至右庶子。袁宏道（1568 ~ 1610），字中郎，万历二十年进士，做过吴县县令、吏部郎中，不久就辞职，他不爱做官，宁可赋闲。袁中道（1570 ~ 1623），字小修，万历四十四年进士，任国子监博士、礼部郎中等职。袁中道中进士已 46 岁，颇有怀才不遇之慨，“长益豪迈，从两兄宦游京师，多交四方名士，足迹遍天下”（《明史·文苑传》），那篇《李温陵传》就出自其手笔。

“公安三袁”

“公安派”文学思想的理论核心就是“独抒性灵，不拘格套”。袁宏道在为其弟所作《叙小修诗》一文中公开昭示：“大都独抒性灵，不拘格套，非从自己胸臆流出，不肯下笔。有时情与境会，顷刻千言，如水东注，令人夺魄。”袁宏道还说“要以出自性灵者为真诗耳，夫性灵窍于心，寓于境。境所偶触，心能摄之；心所欲吐，腕能运之……以心摄境，以腕运心，则性灵无不毕达，是之谓真诗”（江盈科《敝箧集序》引述）。可见，真诗出性灵，性灵著真诗。

何谓“性灵”？“性灵”这个词，南北朝常用，意义大体接近“性情”，明中晚期，时尚重六朝文风，“性灵”一词也就流行。但袁氏谈“性灵”，又多了一些袁氏的诠释：其一，“性灵”强调“韵”与“趣”，而“韵”与“趣”，“得之自然者深，得之学问者浅”。童子，“率性而行，无所忌惮”，就是“趣”，可讲学问做大官的人，“毛孔骨节俱为闻见知识所缚，入理越深，去趣越远矣”（袁宏道《叙陈正甫会心集》）；其二，“性灵”肯定“人欲”，“闾阎”（里巷）妇人孺子所唱“歌谣”，犹是无闻无识真人所作，故多真声。不效颦于汉魏，不学步于盛唐，任性而发，尚能通于人之喜怒哀乐嗜好情欲（袁宏道《叙小修诗》）；其三，“性灵”鼓吹个性。袁宏道说：像徐文长的诗，“虽其格时有卑者，然匠心独运，有王者气，故非彼巾帼（女子）事人者所敢望者也”（袁宏道《徐文长传》）。谈到他弟弟袁中道的诗，袁宏道说：“其间有佳处，有疵处”，“然予极喜其疵处”，因为疵处“亦多本色独造语”，而佳处，常常有“粉饰蹈袭”的痕迹，“未能脱尽近代文人气习故也”（袁宏道《叙小修诗》）。其实，不难看出，袁宏道的“性灵说”本源于李贽的“童心说”。

袁中道《珂雪斋文集》卷九《中郎先生行状》曾记述袁宏道受李贽影响的情状：“（宏道）时闻龙湖李子（贽）冥会教外之旨，走西陵质之。李子大相契合，赠以诗……（宏道）留三月余，殷殷不舍，送之武昌而别。先生（宏道）既见龙湖，始知一向掇拾陈言，株守俗见，死于古人语下，一段精光，不得披露。至是浩浩然如鸡毛之遇顺风，巨鱼之纵大壑。能为心师，不师于心；能转古人，不为古转，发为语言，以胸襟流出，盖天盖地，如象截急流，雷开蛰户，浸浸乎未有涯（边）也。”“能为心师”一节云云，不就是“性灵”说之内涵吗？

（这里，须补注一笔：自然与自由有别，前文已作过陈述，但有时候，自由可借道自然而行。读文学史，可发觉晚明文学颇相似魏晋文学，鼓吹“越名教而任自然”的阮籍、嵇康等名士不亦把文学写得云蒸霞蔚吗？）

我手写我口，我口道我心，“性灵说”让诗文创作个性激活，有感而发，直抒胸臆，不再“掇拾陈言，株守俗见，死于古人语下”，故《四库全书总目提要》评价《袁中郎（宏道）集》谓：“其诗文变板重为轻巧，变粉饰为本色，致天下耳目于一新。”

从“童心说”脱胎的“性灵说”在中国文学史上有重要意义。如果说李贽反对以儒家经典规范现实的社会和人生的话，那么，袁宏道反对以前代的文学典范约制当代的文学创作，而提倡一种具有时代性、个人性和真实性，能够表现人的内在的情感和欲望的文字，在不同程度上是对以往的精神延续的一种破坏（章培恒等主编《中国文学史》）。

李贽的意义

李贽生前已名布天下，及死，著作被禁，然“一死而名益传，书益重”，“李氏《藏书》、《焚书》，人挟一册，以为奇货”。

作为专制社会的叛逆，李贽的影响不但搅动了当时，而且泽被后世：晚清，有袁枚、龚自珍等接续其“香火”；“新文化运动”中，“只手打孔家店的老英雄”吴虞以李贽来清道；民国和共和国时代，对李贽的思想又进行了梳理，肯定了其反击专制的进步性；尽管“文革”期间，李贽遭绑架、被扭曲，但随着改革开放新时期大幕的拉开，李贽遂一洗尘垢有“启蒙主义思想家、文学革新的理论家”之美誉。

李贽在云南待了三年，这三年，是李贽思想演变中的一个里程碑。但也须指出，李贽并非是云南的“省贤”，而是中国的“国士”。李贽身上的宏阔（开放）、质疑、真率，“察百姓日用迩言”的诸种品质，对“云南精神”的结凝和提炼，大有裨益。

生前与死后

李贽是“个性”解放的先驱者。

先驱者总是孤独的，李贽亦然，他说：“余之孤单莫可告语也”（李贽《焚书》）。《续焚书》中有《石潭记事四绝》诗，内中一首就书写了李贽孤独的感受：

若为追欢悦世人，空劳皮骨损精神。
年来寂寞从人漫，只有疏狂一老身。

李贽说，若去媚俗阿世，“空劳皮骨损精神”，我是不肯的。再寂寞再难堪再有举世之毁，随旁人叽叽喳喳去说这道那吧，“一老身”照“疏”照“狂”，我行我素，独来独往。

先驱者孤独，但孤独的先驱者，一旦“筚路蓝缕，以启山林”，开拓出一方境界，追随者就会接踵而至。所以，李贽又不孤独。马克思谓：“理论只有彻底，才能说服人。所谓理论的彻底，就是紧紧抓住人本身。”对李贽那一套理论，当时就有人评价“天台（耿定向）重名教，卓吾识真机。”“真机”者，不就是“单刀直入，直指本性”么？不就是“紧紧抓住人本身”的“理论的彻底”么？

李贽生前已经名噪一时，是长达12年的李耿之争成就了这位弃官、弃家、弃发的“流寓客子”。他与耿定向决裂之后，随即投靠麻城周家。周家是望族，与耿家比毫不逊色。他结交的焦竑、顾养谦、刘东星、梅国桢、马经纶等人，官爵很高，地位不低——焦竑中进士第一；顾养谦是蓟辽总兵；刘东星乃漕运总督；梅国桢为兵部侍郎；马经纶曾为御史——而且他们对李贽颇赏识。像焦竑刊刻李贽的《藏书》，顾养谦邀约李贽去南通州，刘东星捧李贽为“活佛再现”，梅国桢为李贽《藏书》作序，马经纶更是夸赞李贽：“卓吾生今之世，宜乎为今之人，乃其心事不与今人同，行经不与今人同，议论不与今人同，著作不与今人同。夫彼既自异于今之人矣，今之人谁不以彼为异为颇？”（马经纶《启当事书》）马经纶是视李贽为“异人”的。李贽晚年依马经纶，去北通州，马经纶专门为李贽建造一座“假年别馆”，还拨出果园菜圃和一块土地，雇人耕种，收入作为李贽客居的资费（李贽《续焚书》）。李贽的友朋焦竑等一干人，并非“酒囊饭袋”的“食禄”之辈，他们看重的是李贽的学问。

李贽的异言卓行，民间更有“教主”之誉。且不说他晚年到南京讲学，东南学子士绅靡然从之；移居通州，燕冀人士无不闻风顶礼，就是在他遭耿定向迫害从麻城流寓武昌时，“楚省士人翕然争拜门墙，高者乐其玄虚，可以略训诂；卑者乐其简便，可以忘拘检……出过市中，群少年唱饮屠室，酣歌彻天，手招贽入，贽不辞，偕群少年畅饮而归”（沈铁《李卓吾传》）。李贽俨然是“追星族”心中的当红之星，拥有众多的粉丝。一般人是这样，连“公安三袁”，临川汤显祖等在文学史上可以“照汗青”的大腕作家，都与李贽友善，从李贽的思想理论中汲取很多的养料，这些在前面，介绍甚详。

万历三十年，李贽入狱自刎而死，著作被禁毁，罪名是“妖人”，可李贽照样名垂天下，“一死而名益传，书益重”（汪本钶语）。当时的记载说：“李氏《藏书》、《焚书》，人挟一册，以为奇货”；“今焚（书）后，而宏甫（李贽）之传益广。然则此书之焚，其布之有火浣哉”（火浣布，石棉布。火越烧越干净。笔者注。）；“卓吾书盛行，咳唾间非卓吾不欢；几案间非卓吾不适。朝廷虽焚之，而士大夫则相与重刻”（转引自鄢烈山等《李贽传》）——真所谓“野火烧不尽，春风吹又生”呀！

顾炎武与李贽，理路不同，顾炎武的民族气节和学术研究方法有值得肯定的地方，但基本思想却是维护“程朱理学”，主张“凡文之不关六经之旨，当世之务者，一切不为”，“一命为文人，无足观矣”（顾炎武《与人书》）。故排斥王阳明和李贽，指“心学”如同魏晋玄学一样是亡国之肇始，尤其痛恨李贽，“自古以来，小人之无忌惮、而敢于叛圣人者，莫甚于李贽”，但也不得不承认“虽奉严旨，而其书流于人间自若也。”又说：“天启五年九月（这离李贽去世已经23年），四川御史王雅量疏奉旨李贽诸书荒诞不经，命巡视部门禁毁，不得坊间发卖，仍通行禁止。”可结果呢？顾炎武叹道：“士大夫多喜其书，至今未灭。”（顾炎武《日知录》卷十八）嗟夫，借用顾炎武的论敌讲“心学”的王阳明的话来说，即“破山中贼易，破心中贼难”，顾炎武只有徒唤奈何也！

顾炎武

“手辟鸿濛开混茫”、“死后名多道亦彰”，这是明末学者冯元仲凭吊李贽的诗，李贽的死后之“名”，甚至还出现在戏剧舞台上，晚明剧作家李玉著有《万里圆》，就在剧中有台词道：“我想李卓吾先生，一代伟人，千秋法眼，那《正藏书》斧钺古今，这《续藏书》揄扬昭代，俱堪不朽。”

接续香火的晚清

由明入清，起初是民族矛盾，后来渐趋淡化，明末开始的个性解放的要求又顽强抬头，清朝的统治者为了获得汉族士大夫的支持，也出于维护纲常伦理的需要，承认儒学的正统地位并自居，还努力开掘儒学中保守的内容，对士人和民众进行奴化熏陶。康熙主持和编写《性理精义》，倡导理学，推崇朱熹乃“开愚蒙而立亿万世一定之规”（康熙《御制朱子全书序》），“欲求毫厘之差，亦未可得”（康熙《圣祖仁皇帝圣训》）。“存天理，灭人欲”的朱熹遂成了清王朝的守护神，对晚明的反理学、鼓吹个性解放社会思潮予以有意识的反驳。

清乾隆年间，李贽著作第三次被禁。

然而，“没有柴时，其火自在”（李贽《永庆答问》），晚明燃起的个性解放之火，还在延续。尽管文网严密，文字狱屡兴，知识分子只能转移精力去玩考据学，“蚌病生珠”，使考据学在乾（隆）嘉（庆）年间达到鼎盛，但也没有完全泯灭知识分子的批判社会和批判人生的良知，如考据学者戴震就指出：“酷吏以法杀人，后儒以理杀人，浸浸乎舍法而说理，死矣，更无可救矣”（戴震《与某书》），矛头直指程朱理学。只是考据学者的理性精神没有得到有力的张扬，它对社会生活的积极影响毕竟有限。

说说文学。接续晚明“个性解放”之火的是袁枚（1716 ~ 1797）。他生活在雍正、乾隆时代，倡导“性灵说”。“性灵说”乃晚明公安派文学理论的重兴，而李贽就是“公安三袁”的导师。袁枚有的思想直接源于李贽。譬如他说：“好货好色，人之欲也”，圣人的职责就在于人欲得到应有的满足。嘉庆、道光年间，终于出现了杰出的思想家和文学家龚自珍（1792 ~ 1841）。龚自珍早年受戴震、段玉裁影响极大，

康　熙

戴 震

有强烈的自我意识，故倡言：“众人之宰，非道非极，其名曰‘我’”（龚自珍《壬癸之际胎观第一》）——主宰我的就是“我”，绝非什么“天道”呀“太极”呀这些程朱理学所宣传的玩意儿。龚自珍有诗云：“九州生气恃风雷，万马齐喑究可哀。我劝天公重抖擞，不拘一格降人材”（龚自珍《己亥杂诗》）；龚自珍又有诗云：“一山突起丘陵妒，万籁无声帝座灵”（龚自珍《夜坐》）……端的是放言无忌。龚自珍还呼唤“童心”：“少年哀乐过于人，歌泣无端字字真。既壮周旋杂痴黠，童心来复梦中身”（龚自珍《己亥杂诗》）；“黄金华发两飘萧，六九（阴阳卦象，指循环的劫数）童心尚未消。叱起海红帘底月，四厢花影怒于潮”（龚自珍《梦中作四绝句》）……这“童心”，不就是来自于李贽么？或指出：“否认孔子思想权威早

袁 枚

龚自珍

就见于李贽，强调个人意志的尊严又重见于龚自珍，这是曲折而连续的过程”（章培恒等主编《中国文学史》）。思想是有链条的。梁启超在《清代学术概论》中写道：“光绪间所谓新学家者，人人皆经过崇拜龚氏之一时期，初读《定庵（龚自珍）文集》，若受电然。稍进乃厌其浅薄。”也就是说，李贽、龚自珍等人从本土文化角度为中国社会的变革积累了正能量，而西学的涌进则从普世文化角度为中国社会的变革积累了正能量，两股潮流合拢发力，才诞生了“新学”这一概念。

思想无国界，李贽的影响还远及“东亚文化圈”的日本。就在李贽去世后两个世纪多的日本“明治维新”时期，日本有一位李贽的信徒以后成了英雄，他叫吉田松阴（1829 ~ 1858），他“拍案叫绝”于李贽的言论，他欣赏“与仆之心合”的李贽思想，他夸赞李贽为“一世之奇男子”，欲步后尘也要做个“狂夫”（吉田松阴《已未存稿》），先是创立“松下村塾”而成为启蒙主义的思想巨星，接着三次入狱，最后慷慨赴义。吉田只活了 29 岁，赴义前的绝笔“血躯纵曝武藏野，白骨犹唱大风歌”，堪称是李贽精神的重光。盖吉田有言：“仆去冬以来，死之一字，大

可发明，李氏《焚书》之功为多……道尽心安，便是死所。”（吉田松阴《己未存稿》）

历史的车轮滚到了19世纪末20世纪初，其时，清王朝摇摇欲坠，列强环伺，蚕食鲸吞，导致神州大地求变之议蜂起，那些力图通过反专制来救国图存的仁人志士们重新找到李贽，否定明末清初对李贽的批判，肯定李贽的叛逆思想和启蒙精神。1905年，邓实在其主编的《国粹学报》上发表李贽给焦竑的一封信和焦竑所作的《李氏焚书序》，刘师培撰写了《后记》。继之，刘师培以“不公仇”为笔名在《天义报》（在日本出版）发表《李卓吾先生学说》一文（1907年第二期）。次年，国学保存会出版李贽的《焚书》，又逾三年，到1911年，辛亥革命爆发，清廷推翻，中华民国成立。

“打孔家店”的英雄以李贽“清道”

中国的现代化，历经“器物改革”（“洋务运动”）、“制度改革”（从“百日维新”到“辛亥革命”），再深入下去就当是“文化改革”了，文化不改革，换汤不换药，张勋复辟，袁世凯想当皇帝……百变不离其宗。改革从器物到制度到文化，正是一个由“硬”到“软”的过程。1906年，“新文化运动”遂起。“新文化运动”以“重新估定一切价值”为口号，掀起了一场有史以来最激烈的中国传统文化批判浪潮，吴虞在1916年的《进步》杂志第九卷第三十四期发表《明李卓吾别传》长文。吴虞，四川成都人，曾留学日本三年，受新兴思潮影响，开始“非儒”，回国后因家庭纠纷，被戴上“名教罪人”的恶誉，先被逐出教育界，再有地方咨议局呈请官方予以逮捕，差一点就要“就地正法”。在严酷的切身体验后，吴虞对儒学的质疑进而转变为仇恨，“中国天下所以仅存一治一乱之局者，皆儒教之害也”（《吴虞日记·1911 年 9 月 27 日》）。吴虞由“非儒”而“反儒”，自然想到那位因“非儒”、“反儒”而丢了老命的先驱李贽，写《明李卓吾别传》一文便是“借他人之酒杯，浇自己之块垒”吧。文章以一万余字的篇幅介绍李贽生平及其遭遇，抨击儒教专制对学者的迫害，借古讽今，叹息“卓吾产于专制之国，而弗生于立宪之邦，言论思想不获自由，横死囹圄，见排俗学，不免长夜漫漫之感，然亦只能自悲其身世之不幸而已矣！”

说“新文化运动”肇始于 1916 年，是以陈独秀于该年 9 月 1 日在上海创办《新青年》杂志为标志的。三个月前，袁世凯在“护国”的抗议中死去，可康有为的孔教会，要求“以孔教为大教，编入宪法”（康有为《致总统总理书》），陈独秀立马作出回应，在《新青年》第二卷第二号发表《驳康有为〈致总统总理书〉》，认定“孔教与帝制，有不可离散之因缘”，于是“反孔教”的浪潮汹涌而起。

僻处成都的吴虞在该年底方读到《新青年》杂志，兴奋异常，遂致信陈独秀，倾盖如故，陈与吴便牵起手来。“扬李贽”的吴虞进而“批孔”。

从翌年（1917年）2月起，吴虞连续六期在《新青年》杂志上发表“反儒”文章，其要旨为：“孔氏主张尊卑贵贱之阶级制度，由大尊地卑而演为君尊臣卑、父尊子卑、夫尊妇卑、官尊民卑。尊卑既严，贵贱遂别……儒教不革命，儒学不转轮，吾国遂无新思想、新学说，何以造新国民？”（吴虞《儒家主张阶级制度之苦》）短短半年时间，吴虞就与陈独秀以“反孔健将”之名而并驾齐驱。1919年11月，吴虞以《吃人与礼教》一文发表于《新青年》第六卷第六号上。“礼教吃人”说，上接戴震的“酷吏以法杀人，后儒以理杀人”，下启鲁迅的《狂人日记》小说。

盛名之下，吴虞在1921年获聘北京大学教授，马幼渔、马寅初、蒋梦麟、周作人、沈尹默、梁漱溟、顾颉刚等都是吴虞的座上客。同年，亚东图书馆出版《吴虞文录》，

吴虞与《新青年》

初版3000册，二版2000册，一直加印到第五版，由胡适作序。序中，胡适称赞时年50岁的吴虞为“中国思想界的清道夫”、“‘四川省只手打孔家店’的老英雄”。胡适在序之末尾号召“正因为二千年吃人的礼教法制都挂着孔丘的招牌，故这块孔丘的招牌——无论是老牌、是冒牌——不能不拿下来，砸碎、烧掉！”

《新青年》编辑部

“新文化运动”破旧立新，立新是引进了“德先生”、“赛先生”（民主和科学）；破旧就是“打孔家店”。打孔家店的人物系列中，顾炎武从负面立论：“自古以来，小人之无忌惮，而敢于叛圣人者，莫甚于李贽”，今人邓秋牧从正面立论：“自王充《问孔》后，二千年来，直斥孔子，实唯先生（李贽）”（转引自许苏民《李贽评传》）。

胡 适

又，“新文化运动”内含“新文学运动”，“新文学运动”的鼓噪者和参与者之一的周作人曾指出：“今次的文学运动，其根本方向，与明末的文学运动完全相同”（转引自朱维之《李卓吾与新文学》）。周作人之言或许偏仄了一点，但从本土文化的脉络去梳理，李贽与新文学的因缘是剪不断的。

“新文化运动”，在中国文化史乃至中国思想史上留下了光辉的一页，此中，李贽像个“过河卒子”，横冲直撞，厥功甚大。

民国和共和国的李贽研究

随着时代焦点的转移，李贽渐渐成为学术研究的对象。1932 年，从日本归国的朱维之翻译了该国学者铃木虎雄的《李贽年谱》，并发表《李卓吾论》一书。嵇文甫的《左派王学》于 1934 年由开明书局出版，分“王(阳明)学”为左右两派，首次将李贽划为“王学左派”。到 1937 年，商务印书馆出版容肇祖的《李卓吾评传》，对李贽进行了全面的论述。20 世纪 40 年代，蔡尚思、侯外庐等都在自己的著作中论及李贽。1949年，华夏书店出版吴泽的《儒教叛徒李卓吾》一书，称李贽是“王学左派之尤”，但也咬定“王学是儒，王学左派是儒，王学左派之尤的李卓吾还是儒”。在文学研究领域，郭绍虞在其所著的《中国文学批评史》(商务印书馆，1948年)中，则指出李贽乃“公安派”的前驱，他的“童心说”源于王阳明，李贽文学思想是新潮的代表。

共和国成立，确立了马克思主义的指导观，以此对李贽进行评价，肯定其反封建专制思想的进步性，但对李贽思想是唯心还是唯物颇有争议，对李贽的阶级归属也各执一词，而所谓中国“资本主义萌芽”与李贽有否关系更是成了个新话题。还有，研究李贽文艺思想，整理李贽的文献档案也取得了一定的成就。当然，这一切依旧停留在学术领域。该时段出版李贽的专著有：朱谦之《李贽——16世纪中国反封建思想的先驱者》(湖北人民出版社，1956年)，容肇祖《李贽年谱》(三联书店，1957年)，邱汉生《李贽》(中华书局，1962年)。还发表了不少关于李贽研究的学术论文。1959年到1960年，中华书局出版了《焚书》、《续焚书》、《藏书》等李贽著作。

“文革”浩劫：被绑架的李贽

“文革”十年，是共和国历史上的一轮“浩劫”，彼时，学术研究几乎停顿。意外的是，李贽却像出土文物一样大出风头，并且被刷上政治色彩，起因是“批林批孔”运动。1971年9月，“文革”的发动者毛泽东与“最亲密的战友”林彪分手，林彪出走，折戟沉沙，死于蒙古的温都尔罕，毛泽东因此大病一场。据查，林彪热衷的是“孔孟之道”，而毛泽东讨厌的偏偏就是“孔孟之道”，毛曾赋诗：“孔丘名高实秕糠”（毛泽东《读〈封建论〉呈郭老》），这样，古人孔丘和今人林彪就被穿越成“一条线绳上的两只蚂蚱”，变为标靶。1974年1月，经毛泽东批示同意，《林彪与孔孟之道》（材料之一），作为中共中央一号文件转发全党，“批林批孔”运动便在全国范围中开展起来，当时童谣唱着：“叛徒林彪、孔老二，都是坏东西，嘴上讲仁义，肚里藏诡计，鼓吹‘克己复礼’，一心想复辟，红小兵齐上阵，口诛笔伐狠狠批。嗨！”“批儒（孔）”总要找个对立面吧，不然，怎么称得上“一分为二”呢？对立面找到了，那就是“法家”。毛泽东在1973年8月到1974年7月所读的主要是法家的著作，他读了韩非、柳宗元、王安石等人的书。毛泽东自诩为“马克思加秦始皇”，且警告过郭沫若：“劝君少骂秦始皇，焚坑之事待商量”（毛泽东《读〈封建论〉呈郭老》）。于是，运动就从“批林批孔”而扩展到“批儒尊法”了。数数古人，谁最“批儒尊法”？不就是李贽吗？李贽便迅速走红，成为国人心目中一颗耀眼的思想明星。学者张再林回忆起当时的场景：“震耳欲聋的大喇叭歌颂着李贽的光辉事迹，遍地林立的‘大批判专栏’绘有李贽夺目的画像，人手一册的宣传资料触目可见李贽讨伐孔子的言论……国人第一次如雷贯耳般听到李贽这一响亮的名字，也第一次知道了在中国历史上，李贽是首屈一指的‘法家代表’，是最为无畏的‘反孔英雄’”（张再林《车过麻城，再晤李贽》）。

这不啻是场政治（学术）的闹剧。是的，李贽反对“以孔子是非为是非”，李贽也尊秦始皇为“千古一帝”，所以与“批林批孔”、“尊法批儒”有关联，但李贽思想的最核心的“人性本私”说、“物各有其是”的个性解放说，却统统被阉割得荡然无存，而“文革”的目的就是要“斗私批修”、要“捍卫 ××× 思想的绝对权威”也。照学者蔡尚思先生的观点：“李贽乃中国第一号思想犯”（转引自李珺平《李贽之死与东林党人》）。李贽若起死回生，活在“文革”的当下，不被“砸烂狗头”、“再踏上一只脚，让他永世不得翻身”才怪！

这里举个例子。

为了宣扬李贽，1975 年厦门大学历史系编辑了一套《李贽研究参考资料》，共三辑，由福建人民出版社作为“内部读物”出版，很有价值。后之论者称其“做出了贡献”（中国社科院文学所《文学评论》编辑李超语），的确。但在第三辑的“李贽与《水浒传》资料专辑”的《编后》写道：“作为我国封建社会后期尊法反儒思想家的李贽，在同当时儒学‘正宗’道学作斗争中，曾起过积极的进步作用，其历史功绩应予以充分的注意。但是李贽在对待《水浒》问题上的根本态度是错误的，他对宋江‘忠义’思想和投降主义路线的歌颂与赞扬是要加以批判的。”为什么？因为“伟大领袖毛主席指出，‘《水浒》这部书，好就好在投降。做反面教材，使人民都知道投降派。’”李贽与毛泽东的立论相左，被批是必然的了——还是“以××的是非为是非”呀！

新时期对李贽的再肯定
以及李贽精神之于云南的意义

劫后重生，否定“文革”，拨乱反正。对李贽的研究也开始深入化和多元化，鸢飞鱼跃，活泼生动。在哲学

学生在“文革”中

领域，对王阳明的心学不再唾弃，把泰州学派置于心学的范畴中，梳理出李贽对心学的继承、拓展、超越的过程；在文学领域，强调李贽“童心说”对晚明的文学解放思潮以及对晚清的文学解放思潮乃至新文化运动的影响，确认李贽在小说、戏剧评点学上的开先河之功；在史学领域，随着明史研究越来越被关注，李贽当然成了一个重点，李贽的“史论”也被凸现出来。优秀论著层出不穷。

新时期第一本研究李贽的著作是张建业的《李贽评传》（1981年福建人民出版社首版，1992年修订版），该书的理路实系“文革”后对李贽研究的回归和提升。张建业认为李贽有“民主”思想，表现为三：一、强调人的“自然之性”的“天赋”色彩；二、鼓吹“侯王与庶人同等”平等理念；三、反对“以孔子是非为是非”，摧毁伦理纲常的思想束缚（张建业《论李贽的民主思想及其社会基础》）。张建业的贡献还在于发起成立李贽研究学会和推进李贽研究的国际化。1992年，福建人民出版社推出林海权所著的《李贽年谱考略》，此书作者花了近二十年的心血撰成（动笔于1975年），采新据，纠旧谬，完备精详。

20世纪八九十年代以来，李贽研究更是“百尺竿头，更进一步”。或称李贽是“启蒙主义思想家，文学革新理论家”（吴志达《明清文学史》）。“启蒙主义思想家”的意义在于：“他是以否定圣人的形式，向使封建社会的政治制度赖以维系的伦理道德宣战”；“文学革新理论家”的意义在于，李贽的“童心说”，一是把“真实”作为一个重要的美学范畴提到文艺领域，一是反对以世俗的“闻见道理”来障蔽“童心”的说法，与卢梭的“返回自然”的观点有相近之处（何德功《中日启蒙文学论》）。也有学者比李贽为“中国的克罗齐”的(许建平《李贽思想演变史》，可参阅）。

李贽既然是专制社会的叛逆，那么，在结束专制、走向共和的时代，他理所当然地成了迎来新世纪曙光的第一声雄鸡啼唱!

李贽居滇三年。这三年，他入鸡足山阅贝叶经，完成了从“前犬吠形，亦随而吠之”到“于生死之原窥见斑点”的重大人生转变（李贽《续焚书·圣教小引》），云南对他是有启迪的。但李贽后来并非云南的“省贤”而是“国士”，他的影响流播中国及后世，成就千秋万代之名。那么，云南在他身上应该汲取点什么呢？窃以为有下列四点不妨学学:

其一，宏阔精神。宏阔者，开放也。李贽原也偏窄，性格如此，读书也如此。“人曰：‘子性太窄，常自见过，亦时时见他人过。苟闻道，当自宏阔。’居士（李贽）曰：‘然。予实窄。’遂以宏父（甫）自名，故又为宏父居士焉”（李贽《卓吾论略》）。说到做到，李贽真的去追求“宏阔”了。他幼年读经，中年接触阳明心学，复习佛，再研老庄，出经入史，采子涉集，兼容并包，融汇贯通。李贽身上本来有伊斯兰教的因子，晚年，还接触过来华传教的利玛窦。渊博的学识，独立的人格，自由的思想，这便造就了李贽的“卓吾识真机”（黄宗羲《明儒学案》）。

其二，质疑精神。学无止境，就须质疑、批判，积跬步以致千里，积千里以溯无穷，不断获取，不断超越。故学问就从“不疑处而疑”处来（胡适语）。中国学人最欠缺的就是质疑精神：不质疑权威，不质疑常识，不质疑自己。在西方，亚里斯多德认为：“物体下落的速度和重量成比例”，却被伽利略在比萨斜塔所做的实验所推翻；“地心说”曾是常识，后来验证这常识并非真理，恰恰是地球绕着太阳转，即或常识不是谬误，通过质疑，也能对其本质有更深刻的认知；科学史上一个实验经过若干次才获得成功，这不是在质疑自己吗？而中国的学人，用李贽

张建业主编《李贽文集》

的话来说，就是“儒先臆度而言之，父师沿袭而诵之，小子朦聋而听之。万口一词，不可破也；千年一律，不自知也”（李贽《题孔子像于芝佛院》）——小和尚念经，有口无心呢！遑论质疑。李贽身上最大的质疑精神，就是反对“以孔子是非为是非”。前面分析过，孔子有的“是非”有超越性，如“己所不欲，勿施于人”，迄今还该提倡；孔子有的“是非”，只有阶段性，过了就过了，如“君君臣臣、父父子子”（《论语·颜渊》），如“唯女子与小人为难养也”（《论语·阳货》），后儒将之归结为“三纲”：君为臣纲，父为子纲，夫为妻纲，还尊为“天理”（朱熹语），这如何要得！君为臣纲，哪来“民主”！夫为妻纲，焉有“女权”！父为子纲，这“长江后浪推前浪，前浪死在沙滩上”的壮阔景象怎么展现呀！李贽的反对“以孔子是非为是非”的质疑精神，浅言之，它推动了学术发展，学术不再凝固僵化；深言之，它搅翻了“万马齐喑”的政局，引来一股源头活水，无怪乎成了个性张扬、思想解放的猎猎飘扬之大纛：当局为之张皇恐惧，而李贽同时或以后的近现代进步学者和文人则无不钦慕景仰之。

其三，真率精神。“童心说”是李贽所倡：“童心者，真心者。若以童心为不可，是以真心为不可”（李贽《童心说》）。“童心”与“真心”，几乎划了等号。“童言无忌”，源于“真”，它不染世故的尘埃，戳穿“皇帝的新衣”谎话的就是个儿童。真即自然，不装佯，不作秀，堂堂正正，清澈透明。故李贽交友，喜欢真；李贽读史，喜欢真；李贽做人，喜欢真；李贽写文章，喜欢真……他的理想人格，就是“真人”、“真率汉子”、“真豪杰”、“真英灵汉子”、“真侠士”。万历十九年，他劝黄安两位和尚：“念佛时但去念佛，欲见慈母时但去见慈母，不必矫情，不必昧心，不必逆性，不必抑志，真心而动，是为真佛”（李贽《焚书·为黄安二上人三首·失言三首》）。念佛是出世，见慈母是入世，只要顺性惬意，两不冲突，都是“真佛”。

有“真”自有“假”。“真”是自然欲念，“假”乃人为增设（“假”也可名“伪”）。不过，“假”亦须分析，约有三种状态：一是承认自然欲念的“好货”、“好色”为“真”，但欲念与资源有冲突时，人为予以调控之；二是打压且禁绝自然欲念，把自然欲念视为魔鬼，非置之死地而后快意；三是骨子里要满足自然欲念，可满嘴巴“仁义道德”，说得堂皇漂亮，十足的一个“伪君子”。李贽崇“真”打“假”，主要是打后两种“假”：譬如李贽说：“有德礼以格其心，有政刑以絷其四体，而人始大失所矣”（李贽《焚书·答耿中丞》），这是打的第二种“假”；譬如李贽说：“阳为道学，阴为富贵，被（披）服儒雅，行若狗彘（猪）然也”（李贽《续焚书·三教归儒说》），这是打的第三种“假”。如果李贽把第一种“假”也打掉了，那李贽真有点剑走偏锋，成了“就地打滚”的“狂禅”了。

社会生活绝对不可能无“假”，通常所说的“文明”就是第一种“假”。文明是什么？欲望的有序满足也，它源于自然（真）却又高于自然（真），或称乃“第二自然”，是自然的自然提升。李贽倡“童心”，肯定人欲，以“真”为追求，从而奠定了“文明”的基础（李贽思想已有“天赋人权”之元素，然未深化，未臻“社会契约”之高度，惜哉）。李贽所反的第二种和第三种“假”，意义非凡，他先将矛头直指“存天理，灭人欲”的程朱理学（第二种“假”），又进一步揭示道学家们唱高调背后的龌龊（第三种“假”），“人欲”既不可灭，欲“灭人欲”者撕开其表象往往有见不得人的种种勾当，实在犀利，实在深刻。自古迄今，中国的“伪君子”还少吗？孔子分人为“君子”、为“小人”，小人不想当，可君子又不好当，于是“伪君子”就层出不穷。就在我们身边，那些“被服儒雅，行若狗彘然”者不常常招摇过市吗？当下执政党“求真务实”的要求与李贽的“真率精神”是一致的。

其四，察“百姓日用迩言”精神。李贽的“人性论”之得出，一源于“童心”，另一则源于“百姓日用迩（迩，近也）言”。论者指出，“这是李贽思考分析问题的又一个新视角，显示前所未有的透视力，令其同时代学人刮目起敬”（许建平《李贽思想演变史》）。该论者还指出，对这一视角和思路加以系统描述是李贽写于万历十六年的《兵食论》：“盖有此生，则必有以养此生者，食也；有此身，则必有以卫此生者，兵也。食之急，故井田作；卫之急，故弓矢甲胄兴”（同上）。不难看出，李贽的思想已属历史唯物主义范畴。更有趣的是，“察迩言”之说来自《中庸》中所记载的孔子的言论："子曰：'舜其大知（智）也欤！舜好问而好察迩言，隐恶而扬善，执其两端，用其中于民，其斯（这）以为舜乎！'"然李贽却郢书燕说，自出新释，他不谈"隐恶扬善"，不谈"执其两端而用其中"，只说"察迩言"。啥叫"迩言"？李贽界定为"唯是街谈巷议，俚言野语，至鄙至俗，极浅极近"之言，这些"迩言"，即引车卖浆者流之所热衷，"上人所不道，君子所不闻者"（李贽《明灯道古录》）。与"童心"一样，"迩言"真，"迩言"也善，"迩言"不过是老百姓日常生活中"好货"、"好色"自然欲念的流露——这在理论上完全颠覆了程朱理学的"存天理，灭人欲"——所以，"察迩言"就是"从民欲"："夫民之所欲，天必从之，况居民之上而为天子者哉！天之立君，所以为民。""从民欲"还有另一层含义，就是尊重每个人的个性："各遂其生，各获其所愿有，不格心归化"（李贽《明灯道古录》）。转换成今天的政治语汇，察"百姓日用迩言"，不就是"密切联系群众"吗？"从民欲"，不就是"关注民生"吗？"天之立君，所以为民"，不就是政府要"为人民服务"吗？需要指出来，上述李贽所谓"不道"、"不闻"迩言的"上人"与"君子"，当系指受程朱理学流毒影响之至深的"假上人"与"伪君子"也。

总之，倘若把李贽的宏阔精神、质疑精神、真率精神、察"百姓日用迩言"精神融汇到"云南精神"中来，这对于云南今天和日后的改革、发展和繁荣，一定会形成强大的助推力。

结 尾

行文至此，该结尾了。

李贽去世已经410年了（他死于1602年）。李贽看起来是自杀，其实是被杀。李贽是为了自己的信仰而“殉道”的。有人描述了李贽的被捕：

万历三十年春，闰二月的一天，一群锦衣卫从北京城门冲出，气势汹汹往东疾行而去。不多久，他们来到通州一处叫莲花寺的私家别业内。

别业的主人叫马经纶，40岁左右，前几年因抗疏神宗，并指责皇帝荒谬，言辞极为激烈，惹得龙颜大怒，将其贬斥为民。不期锦衣卫至，但又不像为缉拿他而来。

此时，在室内床榻上一位70多岁的老者，看样子已卧病多日，清瘦虚弱，“仅余喘息”，听到外面嘈杂的声音，便招马经纶进来询问。马经纶回答：“卫士至。”老人突然奋力而起，向前数步，大声说：“给我取片门板来。”于是他便卧倒门板上，对卫士大喊道：“快走！我就是罪人”……（刘永峰《思想犯李贽的抗争》）

还有人描述了李贽的死状：

狱中的李贽用剃刀自刎，未立刻死。侍者问：“和

尚痛否？”李贽答：“不痛。”侍者又问：“和尚何自割？”李贽答：“七十老翁何所求！”（袁中道《李温陵传》）

“殉道”之谓，洵不虚吧。

今天，我们研究李贽，纪念李贽，把李贽列入选题，归进《云南百位历史名人传记丛书》之中，当然不是“发思古之幽情”，仅仅应应景而已，而是应该弘扬李贽的精神。李贽绝非一个普通人，他乃一个为旧时代送终、为新时代奠基的思想家。记得马克思曾说过：一切伟大的人物，在历史上会出现两次，第一次是以悲剧的形式，第二次则是喜剧（大意，见马克思《路易·波拿巴的雾月十八日》）。时代在发展、在前进，先驱者也就洗却种种冤枉与屈辱，成了光彩照人的丰碑。李贽死后哀荣，然也。

不过，新旧时代的转型，不可能一蹴而就，“莫道乌篷破浪过，前面尚有路万里”，它会有曲折、坎坷、反复。尤其是观念的现代化，更其艰难。环顾四周，像耿定向、张问达、冯应京之类的人物并不鲜见。

写完本书，正值深夜，酣然睡去，梦见一老者飘然拂须而来，正是李贽先生，我道：“先生不‘以孔子是非为是非’，剖析人性，甚得我心。我读先生，亦不会‘以李贽是非为是非’，而是要把先生的思想放到我的理性天平去秤量一下，是者是之，非者非之，先生意下如何？”李贽先生笑曰：“很好，很好！如你之读书，这才算得我李贽之真谛也。怕就怕‘我播下的是龙种，收获的却是跳蚤。’”说完，李贽先生转身离开，风吹拂着他的衣裳，步履潇洒地渐渐消失在漫漫的夜空之中了……

2012年12月31日于昆明

后　记

当知青时，我就知道李贽，对其思想的独特和“殉道”的壮举钦佩不已。前两年，云南人民出版社编撰《大学人文精华读本》，我受邀写李贽的小品，编辑很赏识，于是，这次出丛书，撰写李贽的任务派遣给我，却之不恭，也就领受了。

我研究先秦诸子，为了写本书，恶补了一阵子，翻了前人和今人的一些著述。想不到在20世纪70年代当知青时买的一些书，今朝得以派了用场，“缘”耶，“非缘”耶？

“为学不作媚时语”，这是学人的良知。好在李贽宏阔、质疑、真率、察“百姓日用迩言”等特点，对发扬“云南精神”大有裨益。

学生何龙，从我数年，读书很用功，人也很聪明，他又是楚雄大姚人，对李贽很感兴趣。他帮我收集了很多资料，本书中“李贽独特的历史人物评价”一节就是他执笔的。

本书写成，倍感轻松。李贽在云南只呆了三年（从51岁到54岁），但照李贽说，50年以前只是一条随声而吠的狗，“五十年之后，大衰欲死，苦读贝（叶）经”，遂悟道，或称姚安太守任上，是李贽思想的转折点（许建平《李贽思想演变史》），云南，不神奇乎？

又：本书实乃“遵命”之作，时间又急迫，幸亏出版方的要求是“普及型”，也就不拒之。近两个月的时间，我的主要精力就放在此书的写作上，光碳素笔就写了十数支。

相关资料是找了一些，然而不齐。一些书籍和文章对笔者的启迪甚多，如《李贽研究参考资料》三辑（厦大历史系编，福建人民出版社 1975 年版）；如《李贽思想演变史》（许建平著，人民出版社 2005 年版）；如《车过麻城，再晤李贽》（张再林著，中国社科出版社 2009 年版）；如《百年李贽研究回顾》（李超撰）；如《李贽的著作及简评》（未署作者名）；如李珺平的一些论文等等，与这些先生虽未谋面，然沾人之惠，不敢不感恩，借此谢过了。

我对李贽早就“感冒”，可认知还是很皮相，这次被云南人民出版社“赶鸭子上架”，对李贽的了解也就深入一层。小书写成，知我罪我，且待读者来臧否吧。

本书插画，由鲁瑛完成，图片资料由华吉俊搜集，特此致谢。

石鹏飞

2012 年 12 月底

于云大龙泉苑小区